下方頻來幷助會

大勢至菩薩助會

神名金頭陁守護代書

西方毗樓博叉天王

北方跋沙州天王

初隱天女跋書

餓鬼

華嚴菩薩助會

如意輪并助會

尊臨自嘍字譔式會

慈氏菩薩助會

密界天女赴會

東方頡之天王

南方毗樓勒叉天王

婆菱仙扑

中国佛教美学典藏

总主编

高建平　尹　佃

各分部主编

佛教绘画部　丁　方

佛教造像部　张　总　王敏庆

佛教书法部　何劲松

各分卷作者

造像经典与仪轨	王敏庆　普　能　著
石窟造像（上下）	何　莹　全　薇　著
地面寺院造像	宋伊哲　著
出土及传世造像	王敏庆　杨晓娟　吴源虹　著
经卷佛画	张建宇　著
石窟壁画	张俊沛　著
绢帛佛画	刘　韬　著
禅意绘画	陈粟裕　著
禅德墨迹	聂　清　著
佛教碑刻	胡吉连　著
敦煌写经	李逸峰　著
佛塔建筑	王　耘　著
伽蓝建筑	徐　翥　著

主要编辑、出版人员

社　　长　刘祚臣

副总编辑　刘金双

主任编辑　曾　辉

编　　辑　（按姓氏笔画排序）

于淑敏　马　蕴　王一珂　王　绚
王　廓　王慕飞　刘金双　邬四娟
李玉莲　李　静　宋焕起　林思达
帖慧祯　易希瑶　胡春玲　郭银星
黄佳辉　曹　来　盛　力　曾　辉
鞠慧卿

特约审稿　汤凌云　韩　伟　陈丽丽　王怀义

装帧设计　今亮后声

排　　版　博越设计

绢帛佛画

内容简介

绢帛佛画即绘制在丝绸、麻布或棉布之上的佛教绘画。从画面内容上分为尊像和绘图两类，主要包括卷轴画、幡画、粉本等多种形式，原是宗教礼仪中用于祝祷众生、祈求现世及彼岸世界夙愿的重要物质载体，遗迹上溯唐代，下至明清。

本书以"法相庄严""缺憾之美""风格大成"和"往生净土"四个视角对中国绢帛佛画的经典之作从内容、形式与风格上做出梳理与解读，其中既有流传有序的传世作品，又有大量佚名画工的经典之作以及流失海外的绢帛佛画残件。

刘韬

中央美术学院艺术学博士、中国人民大学美学博士后，现为首都师范大学美术学院教授、硕士研究生导师，中国敦煌吐鲁番学会会员，主要研究领域为中国宗教美术史、丝绸之路中外美术交流。出版专著《唐与回鹘时期龟兹石窟壁画研究》（文物出版社，2017年），译著《高昌遗珍——古代丝绸之路上的木构建筑寻踪》（上海古籍出版社，2021年）。主持国家社科基金艺术学一般项目"德国柏林藏高昌壁画研究"。

高建平 尹 佃
-总主编-

中国佛教美学典藏

佛教绘画部
主编·丁方

绢帛佛画

刘 韬—著

中国大百科全书出版社

图书在版编目（CIP）数据

中国佛教美学典藏. 绢帛佛画/高建平，尹佃，丁
方主编；刘韬著. —北京：中国大百科全书出版社，
2023.11

ISBN 978-7-5202-1253-3

Ⅰ.①中… Ⅱ.①高…②尹…③丁…④刘… Ⅲ.
①佛教—美学—研究—中国 Ⅳ.① B948

中国版本图书馆 CIP 数据核字（2022）第 227024 号

出 版 人　刘祚臣
策 划 人　曾　辉
责任编辑　曹　来　郭银星　曾　辉
责任印制　魏　婷
装帧设计　今亮后声
排　　版　博越设计
出版发行　中国大百科全书出版社
地　　址　北京市阜成门北大街 17 号
邮政编码　100037
电　　话　010-88390969
网　　址　http://www.ecph.com.cn
印　　刷　北京雅昌艺术印刷有限公司
开　　本　889 毫米 ×1194 毫米　1/16
印　　张　14.75　拉页 4 面
字　　数　181 千字
印　　次　2023 年 11 月第 1 版
　　　　　2023 年 11 月第 1 次印刷
书　　号　ISBN 978-7-5202-1253-3
定　　价　400.00 元

总 序

　　这部多达十四卷的佛教美学和艺术的总汇，是聚数十名专业研究者，积八年之功，完成的一项宏大工程。在过去的这些年里，各位参与者都很辛苦。现在，终于苦尽甘来，欣喜之感油然而生。

　　当前，我们正处在中国式现代化建设的进程之中。要建设中华民族现代文明，就要将现代理论与优秀传统文化遗产结合。中国佛教艺术是中国传统文化和美学的一个重要组成部分。古人给我们留下了许多精美的艺术珍品，值得我们花大力气去整理、总结，站在现代的立场进行思考、研究。

　　在五千年的中华文明史中，最初一千多年，中华美学思想的萌芽可从巫史传统和工艺创造中体现。当时的人留下了丰富的实物，给我们提供了对那个时代文化状况的丰富的想象空间。其后，从商到周，出现和形成了精美的青铜器皿和发达的礼乐文化，在实物、操作和观念这三个层面，推动了中华美学思想的形成和发展。佛教是发源于印度的宗教，传入中华大地以后与中国原有的礼乐文明碰撞交融，经历了一次外来思想中国化的过程，由此造就了文明的更新。

　　中国的礼乐文化在周朝兴盛，历经春秋战国，尽管礼崩乐坏，但还是有人竭力保存，到秦汉时仍有所传承。礼乐文化服务于周王室，通过等级制度，实现以上化下、以夏化夷的政治设计。秦汉以后，分封逐渐消失，大一统的帝国逐步形成。这一时期，社会的上层与下层相距遥远，礼乐仍在上层社会的一些礼仪性活动中施行，这时就需要宗教在下层起到填补审美需求空间的作用。

　　在欧洲，希腊式的城邦制度解体，原来的希腊—罗马宗教体系只在上层社会被维持；而基督教则从社会的下层开始发展，吸引广大民众的支持，最终迫使罗马皇帝改宗，同时也在巨大的罗马帝国范围内流传，成为世界性的宗教。在中国，佛教在一定意义上也起着这样的作用。从汉代到唐代，普通民众的审美需求成为佛教兴盛的土壤。正是由于这一原因，通过满足社会中下层的审美需求，佛教的审美理想和艺术创造在文明的深处扎下了根。

中国佛教美学有着一些突出的特点。第一是理想性。这种理想性与非现实性、虚无和出世的观念结合在一起。这在华严宗和净土宗等宗派的思想中有明显的表现。它们所追求的净土，并非存在于现实的此岸世界，而是在理想的彼岸世界。它们的美，也从属于那个世界。现实的美只是彼岸世界美的影子。

第二是通过悟来感受世界。通过悟获得真美，或是苦修而悟道，或是禅宗所主张的顿悟，机缘触发，瞬间就能得道，即达到真美的境界。

第三是偶像崇拜。各种源于犹太经典的宗教，无论是犹太教、基督教，还是伊斯兰教，都流传逃出埃及的以色列人由于崇拜偶像而引起摩西震怒的故事，从而形成各种反偶像崇拜的传统，有的弃绝一切形象，有的不准造圣像。在这其中，即使后来最热衷造像的天主教，也是依据一套"愚人的《圣经》"的说辞，即运用图像给不能阅读的人演绎《圣经》故事，提供图像存在的理由。这样一来，天主教的图像只是神圣故事的演绎，其本身不具有神性；圣徒所崇拜的不是偶像，而是通过图像感受神的道理。与此不同，尽管佛教早期也有过一段无佛像时期，但后来很快就有了对佛像的普遍接受。佛教的造像被认为其本身就有神性，是神的化身。

第四是宏阔的时空观。源于犹太经典的各种宗教都具有关于世界起源的传说和关于世界末日的预言。佛教则不同，不认为有起源和末日，而认为世界在时间上是无限的，循环往复，以至无穷；在空间上也是无限的，无所谓中心、边缘；体现在美学和艺术上，佛教就具有一种超越时空、追求无限的美学观念。

第五是和谐圆融的审美境界。美的理想是一种圆，但这不是毕达哥拉斯的数学上的圆，而是圆融的生存境界。佛教讲世界和谐，这又是通过圆的意象得到体现。

本套书共分四部十四卷，涉及书法、绘画、造像、建筑等。

佛教书法部共有四卷，即《敦煌写经》《佛教碑刻》《禅德墨迹》和《禅意绘画》。

在印刷术流行之前，佛经的流传主要靠人工抄写。在这方面，敦煌藏经洞给我们留下了大批人工抄写的佛经。在当时，传抄佛经是保存和流传的需要，同时佛教徒们也将抄写佛经当成一种修行，通过艰辛的抄写工作以积累功德。这不仅给我们留下了大量的经典，同时也为我们留下了重要的对当时的书写进行研究的材料。绝大多数佛教徒在抄写佛经时，都保有一种虔敬的心态，他们书写认真，字迹清楚、容易识读。在字体上，楷、行、草三体均有，但以楷书为主。

佛教碑刻包括佛经碑刻、造像题记及寺塔碑碣。这些碑刻用途不同，风格上也有差异，但大体上是以隶书和楷书为主，风格上庄严静穆，偶有装饰意味。

禅德墨迹包括具有文人趣味的禅僧的书法作品，以及受禅宗思想影响的文人的书法作品。这些作品风格自由活泼，字体多为行书和草书，通过笔墨直抒胸臆，表现内在的情感。

禅意绘画，最初是画者致力于表现禅理，强调直觉性和感悟性，并以此使绘画超越形象的描绘。这种绘画追求推动了中国绘画意识的发展，并且与文人绘画结合，对中国绘画观念的发展和转折起到了关键作用。

佛教绘画部共有三卷，分为《石窟壁画》《绢帛佛画》《经卷佛画》，各有其鲜明的特点。

石窟壁画是指画在石窟壁上的绘画。壁画是人类最为古老的一种绘画形式。中国佛教石窟壁画主要存在于西域地区，以佛像和佛教故事为主要题材，也包括对佛国之境的描绘，其中乐舞飞天的壁画穿越千年，给人以惊艳之感，成为当代众多艺术创作的灵感来源。石窟壁画大多受印度绘画人物造型的影响，又开始具有中原绘画的元素，成为中西艺术风格结合的最早范例。

绢帛佛画以敦煌藏经洞绢画为主，现多藏于英、法、俄、德等国的博物馆中，日、印、韩等国也有保存。这些绢画所画的形象不同，有佛、菩萨、罗汉、武士，以及供养人。从这些画中可看出中国绘画中线条之美的来龙去脉，中国绘画色彩的源与流。宗白华区分了中国艺术的错彩镂金之美与芙蓉出水之美，绢帛画大体属于错彩镂金一类。

经卷佛画，即佛经中的插图或附图，包括佛教经卷的卷首画（也称扉画）、随文插图、卷末的拖尾画。从制作技艺来看，经卷佛画分墨绘佛画和版画，雕版印刷繁盛时代出现了讲述各种佛经故事的版画。对经卷佛画的研究很有价值，但过去研究不多，本卷是对此研究领域的开拓。

佛教造像部的内容最为丰富，分《石窟造像》《地面寺院造像》《出土及传世造像》，还有一卷《造像经典与仪轨》。

《石窟造像》分上下两卷。上卷讲新疆和中原北方石窟，下卷讲南方和藏传佛教造像。将这些不同地域、不同时代所创作的造像放在一起来对比，可以清晰地看出这些造像的造型和艺术风格在文化交流中留下的痕迹和在时代变迁中造像的沿革。

地面寺院造像则呈现出多样性和变动性。遍布西域和中原大地的佛寺中的造像，以及在藏地的藏传佛教在佛寺中的造像，呈现出各自的地域特点；经过千年变化，又呈现出不同的时代特点。尽管佛像有"千佛一面"的说法，但不同地域、不同时代佛像的差别，仍鲜明地体现出来。

出土及传世造像可称为前两种佛教造像的补充。这些造像被发现和保存，具有极大的偶然性。它们不像石窟造像，可系统发掘；也不像现存寺院里的造像，原本就有完整布局，具有系统性。这种出土和传世造像相对零散，其系统性需要研究者构建。

《造像经典与仪轨》是很特别的一卷。该卷对佛教造像特点和主要菩萨、天王等形象的基本框架做了概述，还对佛教活动的空间、所用法器等做了叙述。

佛教建筑部共两卷，一卷讲伽蓝，一卷讲佛塔。《伽蓝建筑》一卷主要讲历代的中土佛寺以及藏传佛教的佛寺。正像欧洲历史上的建筑集中体现于教堂一样，佛教寺庙成为中国古代建筑的典范。本卷分朝代展示中国古代的寺庙，并对藏传佛教的寺庙做了专门的论述。

《佛塔建筑》一卷专门论述佛塔。塔的造型精美，是中国古代建筑精华所在。佛塔近可与寺庙组成一个整体，高耸的塔在建筑群中起画龙点睛的作用；远可装点河山，在自然山水中加上人工点缀。佛塔原本是瘗埋高僧圆寂后遗体和珍藏舍利的地方。它既是死亡之所，又是涅槃和超越之地。生死之事，永远是最大的事，这与僧人生活有了密切关联，也使塔有了人情、人性、理想等多种意味。

佛教美学和艺术的内容丰富多彩，包含各个艺术门类。除本套丛书所介绍的之外，还包括诗词、音乐、歌舞等。我们的想法是，在现阶段能做什么，就先做起来。希望这套典藏为更全面地研究中国佛教美学起奠基作用；也希望将来在此基础上，借助新媒体，使中国佛教美学的精华得到更为全面的展示。

在最初组织这一课题组之时，我们的计划是，从几个主要的佛教艺术门类中，选取最有代表性的作品，给予精要的说明，以形成佛教美学的一个总汇。其目的在于，将佛教美学的精华，在一个选本系列中汇总起来，将一些平时很难见到，只有专家才掌握的佛教艺术作品的图片，加以集中，配以解说，从而使这些作品受到人们的关注。佛教从两千多年前开始传入中国，带来了佛教美学和艺术，在中国大地上生根、开花，与中国原有的传统结合，再经过历代僧俗信众的传承和创新，形成了璀璨多彩的中国佛教文化，成为中华文化的一个组成部分，在世界文化史上也具有重要意义。在今天，加强佛教美学的学术研究，对佛教艺术的普及，让大众熟悉和了解佛教文化，对传承和弘扬中华优秀传统文化，都是一件功德无量的事。

记得第一次开编纂工作会，任务是明确大脉络的分工，确定各卷的主持人和基本研究队伍，划定各卷内容的边界。各位参编者的热情都很高。大家一方面认为，这件事很重要，编出的书会很宏伟壮观，成为一个大制作；另一方面也认为，这方面的书过去很少，有了一个好的立意，再加上选对了人，编起来不会费多大的劲，不过是将相关领域的专家集中起来，将原本就熟悉的材料以一个新的、对读者更具有亲和力的形式，重新组织一遍而已。

到了真正上手去做才发现其中的种种艰难。材料难找，解说不好写。历史事实考证清楚，解说内容正确，这是基本的要求。这方面的要求，说说容易，做起来就有难度。不仅如此，由于这套书冠名美学，在选材时体现美学视角，在解说中体现美学阐释就很重要，对于长期致力于事实考证的专家来说，这种工作也有一定的难度。在撰写过程中，有人畏难退缩，有人赶不上进度要求，但是，这样一个庞大的工程，开弓没有回头箭，再艰难也要做下去，并且要保质保量地完成。

在这几年的工作中，撰稿和编辑人员都付出了巨大的努力。他们不仅研读既有的书籍、史料和画册，还要遍访全国各地的代表性寺院。最使我感动的是，他们跋山涉水，带着沉重的拍摄器材，到现场拍摄。为了获得最佳的拍摄角度，课题组还购置了无人机，以便在人无法到达的角度进行拍摄。他们的努力，为这套书提供了大量精美的独家图片。

在此期间，课题组多次在北京开会；还远赴广东、山西等地，举行各种工作会议。每次会议都力求实效，解决编写过程中所出现的各种具体问题，包括工作分工、人员配备、文字质量、图片规格和要求、工作进度，以及编撰者与编辑如何相互配合以加快进度，等等。为了深化这套书的美学特色，我们还邀请了几位对中国古代美学有研究的学者对文字内容进行了审阅，提出了许多具体的修改意见。

现在，书稿终于付印了。感谢参加撰写《中国佛教美学典藏》的各位作者，各位均为对佛教美学和艺术有深厚研究基础的专家。他们不辞辛劳，集中精力，终于使这项巨大的工程得以完成。更令我们感动的是，著名佛门高僧尹佃法师自始至终参与我们的策划立项、内容框架研讨和后期编纂工作，多次参加编纂工作会议，提出重要意见。中国大百科全书出版社的郭银星和曾辉两位接力领导的编辑团队，对这项工作极为负责，在编辑出版过程中提供了周到而贴心的服务。本书是各位辛勤劳动的结晶。

佛教艺术和文化是中华美学的一个重要组成部分。中国佛教之美是先人留给我们的一笔宝贵遗产。同时，它又是在当代充满生命力的活的美学。我们带着对文化传统的虔敬之心来整理这份遗产，又以面向当代、面向世界、面向未来的态度，带着责任感和使命感，以激发传统在当代的生命力为目的，来审视并引领中国美学的辉煌未来。

总 论

　　"佛教美学典藏"，顾名思义，"佛教"自不待言，不仅是丝绸之路上古老的宗教，也是中华优秀传统文化的有机组成部分。"佛教美学"，特指关于佛教艺术的美学理论与审美价值判断。"典"指经典与典范，"藏"则指收藏与藏品。其中，"典"字值得认真研究，它决定了价值判断的准绳以及艺术收藏的标杆。

　　下面对"经典"展开讨论。"经典"，原是文学中的一个概念。在汉语中，"经典"中的"经"从"系""巠"二字而来，按照《说文解字》段注的解释，"巠"乃川在地下之象，后来与"系"结合，才表示织物的纵线，并引申出"规范""标准"等义。"典"原是册在架上的意思，指"五帝之书"，即所谓的"三坟五典"。"经"与"典"二者结合，经过漫长时间的演化，才有了"经典"的现代意义。在汉语文化域，"经典"一语大约从汉魏时期就开始使用了，主要用来指儒家典籍。譬如，《汉书》第七十七卷"孙宝传"中就使用了这一名词，是指先秦至当时的史书和典籍。后来"经典"的范围从儒家典籍扩大到宗教经籍，包括了佛道诸教的重要典籍。再后来，凡一切具有权威、能流传久远并包含真知灼见的典范之作都被人称为经典，《文心雕龙》的作者刘勰给经典下了一个明确的定义："恒久之至道，不刊之鸿教。"

　　"经典"在国际学界的渊源要更为深厚复杂。经典源自古希腊语"kanon"，它的原意为"棍子"或"芦苇"，逐渐衍变成度量的工具，引申出"规则""律条"等义。在希腊语成为东罗马帝国官方语言之后，该词专门指《圣经》或与《圣经》相关的各种正统的、记录了神圣真理的文本。英语的经典"canon"是从古希腊语经典"kanon"演变而来，大约18世纪之后，"canon"的使用范围逐渐超越了宗教而扩大到文化的各个领域，于是有了文学的经典（literary canon）。就文学经典而言，classic（意为古典）似乎是一个更为恰当的词，因为它没有 canon 那样浓厚的宗教意味。classic 源自拉丁文的 classicus，原意为"头等的""极好的""上乘的"，是古罗马税务官用来区别税收等级的一个术语。公元 2 世纪的罗马作家格列乌斯（Aulus Gellius）用它来区分作家的等级；到文艺复兴时期，人们开始较多地采用它来评价诗人、作家和文艺家，并引申为"出色的""杰出的""标准的"等义。以上对"经典"一词的历史溯源，是为了说明本丛书的特质——"关于佛教艺术具有强烈审美价值判断诉求的经典珍藏"；或者换句话说，此书的写作初衷是从审美判断视角出发，分析佛教艺术中具有历史美学关联性的经典，使读者对那些值得珍藏的审美典例有一个明确概念，以区别于目前市场上比比皆是的编年体、考古体、叙史体等佛教艺术图书。

佛教绘画是佛教艺术的重要组成部分，传道史上素来有"像教"之说，也就是"经书"与"佛像"在传道功能上等量齐观。对佛教美学造型的溯源，要归结到佛像的诞生地——印度河、阿姆河流域的巴克特里亚（Bactriana）、索格底亚那（Sogdiana），亦称为犍陀罗地区；它们原来属于波斯帝国的远东行省，具有深厚的历史文化积淀。从造型视角来看，佛像的诞生成长过程浸濡着希腊化文明的影响，因此，犍陀罗佛像可视为两个伟大文明——古印度和古希腊文明相遇的结晶产物，也是后来东传、南传佛教艺术的最早源头，我们将在后面继续叙述。

公元前 258 年，一代高僧大德目犍连子帝须受阿育王委托主持了佛教史上第三次结集，即"华氏城结集"，其最大成果是向世界各地派出 18 位传道师。英国著名人文学者史密斯评价"这是人文史上最伟大的事件"。传道师们以不惜生命的非凡勇气弘扬"佛法"，召唤人心，敬佛向善。随着传道师脚步的西去东来、南下北上，奇迹终于发生：18 位传道师之一摩诃勒弃多在巴克特里亚希腊王国进行了极为成功的传道，此地原是波斯帝国的东方行省，是袄教的大本营。摩诃勒弃多去宣教的时间，正是巴克特里亚太守狄奥多托斯宣布脱离塞琉古王朝，建立以"狄奥多托斯一世"为纪元的巴克特里亚希腊王国的转折时期。据史料记载，赤手空拳的摩诃勒弃多以信仰的真诚和传道的无畏一次次走上论法道场，与袄教僧侣进行论辩，赢得听众的欢呼，最后传道大获成功，共得 17 万信徒，1 万余人在宣讲过程中当场剃度为僧，以至于当时的巴克特里亚国王狄奥多托斯一世也被摩诃勒弃多所讲佛法感动，驱逐袄教而扶植佛教。对于希腊人来说，信仰便意味着建筑与造像，于是，波斯太阳神密特拉、希腊太阳神阿波罗与佛像"佛像背光""澄明之境""火中琉璃"的成像精神互为照应；就这样，佛教美学以"背光圣像"的形态为基础，在与各种文化的碰撞中不断完善成熟，形成后来的蔚为大观。

从佛像面容的造型来看，佛像之美与希腊雕像之美密切相关。德国美学家、艺术史家温克尔曼（Johann Joachim Winckelmann）曾评说希腊雕像是"高贵的单纯，静穆的伟大"，若再深入剖析，就可发现这种美妙的视觉感受也是与希腊造型三原则"心身至善""体液平衡""黄金比例"相共通的，就如同雅典阿克罗波利斯山顶的伊瑞克提翁神庙——四尊女像柱的酮体支撑起一座审美经典殿堂。细心的研究者还可发现，犍陀罗佛像虽渗透着希腊造型因素，但也并非是上述三个造型原则的简单翻版，而是有所改变，这种变化正是希腊化时代最鲜明的特征。我们看到，犍陀罗佛像艺术家们发展出一种不朽的感性形态——"垂睑颔首"。这一动姿将佛陀的悲悯情怀与希腊的高贵端庄糅合于一体，创造出人类艺术史上最初的圣像典范，其标志是佛陀 – 圣人背后的光轮。

自公元前 1 世纪的德米特里时代起始，巴克特里亚希腊王国皈依了佛教，佛陀"众生平等""慈悲心肠""救度苦难"的思想使希腊人深受感动，他们认识到：佛陀不仅是超过希腊世界所有神祇的圣人，而且是比阿胡拉·马兹达神、密特拉神等更为真实的圣人。可以想象，希腊的造型与佛陀的思想在希腊佛教徒那里发生了神奇的化学反应，一种崭新形象从他们心中喷薄而出，这个崭新形象就是佛像。在他们看来，佛陀的面部应具有希腊"数理明晰"的端庄，神情具有"心身至善"的宁静，身体被光环绕在后，象征佛陀慈悲救度精神的光辉永驻。

背光、光轮，折映出人类历史在公元前后时期思想的巨大动荡和裂变，其结果是圣像的诞生。圣像作为这一时期最重要的形象，它的出现一举改变了"国家王道史"的正统叙述，而进入"心灵信仰史"的层面。在图像学意义上，光轮作为圣像的决定性因素，超越了东西方的地域而成为圣者的标识。圣像将人类悠久的面具／图腾文化远远抛在身后，而进入道德理性的阶段，按照德国思想家卡尔·雅思贝尔斯（Karl Theodor Jaspers）轴心时代理论，"它象征着人类从童年期间迈向青年时代"，犍陀罗佛像可被视为这一巨大转折期的形象标志。

公元 2 世纪左右，以犍陀罗地区为起点，佛像向四周传播，向西北，它循着费尔干纳盆地进入伊朗高原，向其最初来路溯源而行；向东南，它跨过印度河与温迪亚山脉向恒河流域迈进；向东北，它越过兴都库什山脉的瓦罕走廊与葱岭古道、青藏高原的克什米尔与拉达克，经广袤西域与河西走廊而进入中土大地。当犍陀罗佛像与中国石刻传统相遇时，激发出东方美学的又一奇迹，佛像"拈花微笑"心境悄然转换为线性审美奇葩："春蚕吐丝"与"高古游丝"，"湿水衣褶"与"曹衣出水"，"薄衣透体"与"屈铁盘丝"，"行云流水"与"吴带当风"……

公元 412 年，一代高僧法显取海路从天竺归来，漂泊至青州崂山上岸时被猎户搭救，八十高龄老人双手紧护三件东西——佛经、佛像与《龙华图》，这一事件深具意义，象征着造像在信仰领域的滥觞。法显千辛万苦带到中土的佛像，正是笈多时代的马图腊佛像，它是印度传统的"仿生造型""管状肢体""三道弯式"的协奏加变奏，虽然受到希腊式造型准则的约束，但仍然带有印度本土艺术原始性力的痕迹。雕刻工匠们将犍陀罗古典佛像中的男性形象改造为中性形象，笈多时代的佛像更多具有女性特征，这是通过独特的肢体造型和衣纹处理来暗示的；"湿水衣褶"式的半透明袈裟从双肩至胯间垂下数道平行的 U 形纹，它纤细如丝，犹如睡莲池中被微风吹拂起的层层涟漪。以上这些要素在佛像东传的过程中，被一位来自中亚曹国的天才艺术家曹仲达加以想象与发挥，创造出"曹衣出水"的伟大样式。魏晋的"褒衣博带"经典风格与"曹衣出水"的美学价值相映生辉，架构起一座印度"立体雕刻"向中土"平面书写"绘画艺术语言转换的桥梁。

齐高佛像之横空出世，恰恰是中印度佛像风格对中原佛像的反哺，同时也是对早期主导性犍陀罗风格的某种校正；因为追根究底，希腊式"数理的明晰"，并非远东诸民族的气质所在。随之，马图腊中印度的"管状肢体"风格与两汉魏晋的"混沌圆融"风格两相结合，生成以浑圆为基础、以线性为表征的中土佛像/佛画的新型风格。这种风格在隋唐、五代时期完成了本土的转移过程，为两宋时期佛画的繁盛奠定了基础。两宋佛画，特别是南宋佛画达到一个美学高峰，令人略感酸楚的是，它主要由海外藏品来印证。当隋唐时代宏伟壮丽的寺观佛教壁画毁于战火时，绢帛佛画反而得以存活，它们因轻盈柔韧的材质而便于携带流转。

尤其是那些诚心虔敬学习的邻邦僧人，为这些佛画作品远渡大洋流传后世付出了极多辛苦。在造型方面，两宋绢帛佛画的风格特点，一眼望去似乎并不突出，甚至有某种程式化的取向；但细细品味，这种程式化并不简单，其中渗透着"澄怀观道"的禅意与"古拙愁眉"的趣味，再加上一丝不苟的细节，最后形成一种十分复杂的风格。在技法方面，绢帛佛画将起始于唐代大小李将军的工笔重彩画法进行了发挥，尤其是在以晕染技法表现光影明暗、空间距离感方面，达到了一个玄妙境界，与古印度钵陀布画、苯教卷轴画、波斯细密画、君士坦丁堡的坦培拉技法、达·芬奇的晕涂法有异曲同工之妙。许多佛画中体现的高超晕染技法与拜占庭圣像画的宗教神秘感类似，但更为曼妙与悠远，创造了一个具有中国农耕文明特色的经典样式。要真正弄清个中究竟，显然会遇到一系列历史缄默的铁锁符码，它们应该与海上丝绸之路——即从东南亚—南亚—西亚—地中海多种文化域的多维度交流有关联，犹如南海一号沉船的奥秘，尚待进一步探险发掘。

现存东京国立博物馆的《玄奘像》，画家描绘的是身负塞满典籍的竹笈、缚着绑腿、脚踏草鞋的玄奘形象。他服装行头的上部盖有大型的圆形笠，香炉从此处垂下，脖子上戴着骷髅串成的项链，腰上配刀，右手执拂尘，左手持经卷，举步向前。背景是绵延的崇山峻岭，象征性地表现出玄奘为求法从中国越过中亚沙漠抵达印度的艰难之旅。在技法方面，人物的眼鼻及口唇处刻画细微、栩栩如生，肌肤部分的轮廓线条采用柔和的褐色，沿着线条施敷同色系的淡暖色，由多层晕染技法衬托出肌肤的立体感。衣服及背笈等部分则采用绿、群青、褐色等冷色系的色彩，用白色的薄透色彩图案，配以深入的细节刻画，形成一种经典风格。这类绢帛佛画代表了宋元时期制作于中国宁波，再舶至日本的系列佛画通常样式。

一方面，中土的石窟寺观佛教壁画、绢帛纸本佛像作为印度犍陀罗佛像的平面化转移，标志着佛像从崇高庄严到优美飘逸的过渡，比较符合中国文化的审美理想；另一方面，中土的道家有羽化升仙意识，借助灵魂升腾之力而化为悬浮于苍宇间的优美线条，并以飞天徜徉的视角俯瞰现世大地。这种灵魂姿态便是中土佛像美学价值所在。支撑中土佛画本体的绘画要素是线性，和它同行的是书法与篆刻。中国本土的书法、篆刻成功地将佛陀实体造型转变为线的审美形象，由此形成中土佛像景观。

从佛像的物质材料与绘制技艺的角度来看，无论是五彩斑斓的重彩佛画，还是黑白单纯的水墨僧画，都囊括了东方绘画艺术的所有要素——点、线、面，晕涂皴法、水墨渲染，画家们以丰富多彩的手法描绘了修身者、修禅者、舍身者、发宏愿者，以及各种菩萨与罗汉的形象。在绢帛重彩的佛像方面，较为完整的物质传承是被称为"唐卡"的佛画类型，它与西藏白居寺壁画中类似坦培拉胶性壁画技巧有着亲缘关系，严谨的图式与工整的描绘是其显著特点。佛像画家们从兴都库什南麓到葱岭北麓，从石窟墙壁到精织帛绢，从粗粝彩绘到柔韧纸本，佛画立足于由中国农耕文明导出的材质美学庙宇，而铺陈出一片五彩缤纷的世界。

总体来看，佛像的风格演变仿佛高山流水，初期汹涌澎湃，盛期美妙绝伦，至近现代渐趋疲软，最终在迟缓流动中扩散于中原大地，精华绵延。如今我们将佛像的美学价值置于"一带一路"的历史文化视野中予以审视，不仅是为了澄清诸多因视野狭窄而造成的判断评价误区，更是为了在"东方文艺复兴"理念所勾画的愿景中，再度复兴中土佛像艺术的昔日辉煌。

丁方

2023 年 4 月

这种典型的"垂睑颔首"菩萨造型，是犍陀罗佛像美学价值的集中体现，它历经时空洗礼，仍然渗透在中土绢帛佛像的造型意识深处

目 录

图片目录

第二章

缺憾之美 绢帛佛画残件

米，柏孜克里克石窟寺出土，德国柏林亚洲艺术博物馆藏（编号：Ⅲ7244）

062　图2-6　《佛陀》，佚名，唐代，绢本设色，高131厘米，宽85.6厘米，吐峪沟石窟寺出土，日本大谷探险队发掘，韩国国立中央博物馆藏（编号：bon 4044）

063　图2-7　《佛头》，佚名，唐至高昌回鹘时期，绢本，高14.5厘米，宽8.6厘米，吐峪沟石窟寺出土，德国柏林亚洲艺术博物馆藏（编号：Ⅲ6420）

063　图2-8　《千佛》，佚名，唐至高昌回鹘时期，绢本设色，高13.5厘米，宽7.7厘米，疑出自吐峪沟石窟寺，德国柏林亚洲艺术博物馆藏（编号：Ⅲ170）

064　图2-9　《双佛瑞像》，佚名，高昌回鹘时期，麻布设色，高52厘米，宽19厘米，高昌故城K寺院遗址出土，德国柏林亚洲艺术博物馆藏（编号：Ⅲ6301）

065　图2-10　《双头立佛》，佚名，7世纪，木版彩画，高25.7厘米，宽7.4厘米，厚0.5厘米，克孜尔石窟寺出土，德国柏林亚洲艺术博物馆藏（编号：Ⅲ7391）

066　图2-11　《双头瑞像》，西夏，泥塑，高62厘米，黑水城遗址出土，俄罗斯圣彼得堡国立艾尔米塔什博物馆藏（编号：x-2296）

067　图2-12　《立佛》，佚名，唐至高昌回鹘时期，绢本设色，高43.3厘米，宽20.3厘米，吐峪沟石窟寺出土，德国柏林亚洲艺术博物馆藏（编号：Ⅲ6163）

068　图2-13　《誓愿画》，佚名，高昌回鹘时期，绢本设色，上部：高9.3厘米，宽8厘米；下部：高8.6厘米，宽8.2厘米，吐峪沟石窟寺出土，德国柏林亚洲艺术博物馆藏（编号：Ⅲ7564a+b）

069　图2-14　《誓愿图》，佚名，高昌回鹘时期，（约）高3.25米，宽2.36米，柏孜克里克第20窟回廊，壁画，德国吐鲁番探险队揭取，已佚（编号：IB 6888）

071　图2-15　《菩萨头像》，佚名，高昌回鹘时期，绢本设色，高34.5厘米，宽27.5厘米，高昌故城V'寺院遗址出土，德国柏林亚洲艺术博物馆藏（编号：Ⅲ6166）

072　图2-16　《持蜡烛菩萨》，佚名，高昌回鹘时期，绢本设色，高昌出土，高15.6厘米，宽9.5厘米，德国柏林亚洲艺术博物馆藏（编号：Ⅲ4794）

072　图2-17　《菩萨正面像》，佚名，唐至高昌回鹘时期，绢本设色，高昌出土，高13厘米，宽10.3厘米，德国柏林亚洲艺术博物馆藏（编号：Ⅲ609）

073　图2-18　《十一面观音》，佚名，唐至高昌回鹘时期，绢本设色，高17厘米，宽15.7厘米，交河故城出土，德国柏林亚洲艺术博物馆藏（编号：Ⅲ8001）

074　图2-19　《十一面观音》，佚名，高昌回鹘时期，绢本设色，高5.5厘米，宽8.8厘米，高昌出土，德国柏林亚洲艺术博物馆藏（编号：Ⅲ4749）

075　图2-20　《千手千眼观音》，佚名，高昌回鹘时期，绢本设色，高27.5厘米，宽38.5厘米，木头沟出土，德国柏林亚洲艺术博物馆藏（编号：Ⅲ6355）

076　图2-21　《千手千眼观音粉本》，佚名，高昌回鹘时期，纸本墨笔，高20厘米，宽11.5厘米，高昌故城K寺院遗址出土，德国柏林亚洲艺术博物馆藏（编号：Ⅲ6318）

077　图2-22　《水月观音》，佚名，高昌回鹘时期，绢本设色，高102厘米，宽51厘米，高昌故城K寺院遗址出土，德国柏林亚洲艺术博物馆藏（编号：Ⅲ6833）

080　图2-23　《水月观音》，佚名，五代，纸本设色，高82.9厘米，宽29.6厘米，出自敦煌莫高窟藏经洞，英国伦敦不列颠博物馆藏（编号：S.P.15.Ch.i.009）

083　图2-24　四天王像，唐大顺元年（890），纸本设色，高13.5厘米，宽28厘米，出自敦煌莫高窟藏经洞，印度新德里国立博物馆藏（编号：S.P.431 Ch.xviii.002中的纸画）

086　图2-25　天王幡，佚名，晚唐至高昌回鹘时期，麻本设色，高47厘米，宽28厘米，吐峪沟"遗书室"出土，德国柏林亚洲艺术博物馆藏（编号：Ⅲ7305）

086　图2-26　天王像，高昌回鹘时期，柏孜克里克第20窟回廊北壁，壁画，德国吐鲁番探险队揭取，已佚（编号：IB 6878）

087　图2-27　天王像残件，佚名，晚唐至高昌回鹘时期，麻本设色，高14.3厘米，宽12.3厘米，高昌故城α寺院遗址出土，德国柏林亚洲艺术博物馆藏（编号：Ⅲ163）

089　图2-28　天王幡，佚名，唐至高昌回鹘时期，麻本设色，高59厘米，宽20厘米，交河故城遗址出土，已佚（编号：IB 6309）

090　图2-29　天王幡，佚名，高昌回鹘时期，麻本设色，高57厘米，宽21厘米，交河故城遗址出土，已佚（编号：IB 6310）

091　图2-30　戴虎头帽武士，佚名，唐代，绢本设色，高6.6厘米，宽6.6厘米，高昌出土，德国柏林亚洲艺术博物馆藏（编

第三章

风格大成　绢帛佛画的笔法与赋彩

第四章
往生净土 绢帛佛画的图式

绢帛佛画的类别与出处

佛教亦称像教，注重形象的说法传教。佛教绘画作为佛教文化的重要组成部分，自佛教弘布之初便逐步与佛经一起发挥了重要的传法作用，[①]在传播佛教义理、辅助佛教修行与实现福田功德等方面发挥着重要作用并且取得了显著成效。

原始佛教虽然宣扬"苦集灭道"，但在漫长的演变发展进程中，佛教的内涵与形式不断发展，留存下的佛教绘画以物质形态形象地记录了各时代佛教发展的具体风貌，是佛教文化的宝贵财富。

绢帛佛画是佛教绘画中一种重要的表现形式，即绘制在丝绸、麻布或棉布之上的佛教绘画，主要包括卷轴画、幡画、粉本等多种形式。从目前保存下的作品遗存可见，上溯唐代下至明清。从画面内容上大体可以分为尊像和绘图两类。尊像类佛画主要包括：佛像、菩萨像、天部像、罗汉像与高僧像等；绘图类佛画主要包括：佛传图、本生图、经变图、圣迹故事图、瑞像图与水陆图等。从作品遗存的源出地所见，甘肃省河西走廊的敦煌莫高窟藏经洞、新疆吐鲁番盆地的高昌故城、吐峪沟遗址与内蒙古巴丹吉林腹地荒漠的黑水城遗址均是绢帛佛画的主要发现地。此外，众多传世作品均有流传，既有卢楞伽、李公麟、梁楷、法常与丁云鹏这样彪炳画史的原创性画家的作品，亦有更多历代无名画工绘制的作品蔚为壮观。

敦煌莫高窟藏经洞所出的珍贵文物多数流失海外，[②]其中除发现数百件绢本、纸本、麻布本绘画之外，还有丝绸幡幢与刺

---

① 佛教绘画与佛经约自东汉初年传入中国，例如南齐王琰在《冥祥记》中记："汉明帝梦见神人，形垂二丈，身黄金色，项佩日光，以问群臣，或对曰：'西方有神，其号曰佛，形如陛下所梦，得无是乎？'于是发使天竺，写致经像，表之中夏。自天子王侯咸敬事之，闻人死精神不灭，莫不惧然自失。初，使者蔡愔将西域沙门迦叶摩腾等，赍优填王画释迦佛像。帝重之，如梦所见也。乃遣画工图之数本，于南宫清凉台及高阳门显节寿陵上供养。又于白马寺壁画千乘万骑，绕塔三匝之像，如诸传备载。"（参见[唐]道世《法苑珠林》卷十三《东汉洛阳画释迦像缘》，载[唐]释道世撰，周叔迦、苏晋仁校注：《中国佛教典籍选刊·法苑珠林校注》第2册，中华书局，2003年，第453页）文献中提及的优填王画释迦倚像与白马寺壁画均为较早的佛教绘画。另画史中记载首位画家，东吴时期的曹不兴因得见中亚康居沙门康僧会（"初达建业，营立茅茨，设像行道。"参见[南朝梁]释慧皎：《高僧传》卷一《魏吴建业建初寺康僧会》，汤用彤校注，中华书局，1992年，第15页）带来的"西国佛画，仪范写之"（参见[宋]郭若虚《图画见闻志》卷一《论曹吴体法》引蜀僧仁显《广画新集》，参见中国书画全书编纂委员会：《中国书画全书》第1册，上海书画出版社，1993年，第469页）。以上记载均呈现出早期佛教绘画的初始面貌。

② 关于敦煌藏经洞的发现与文物的早期流散，参见荣新江：《敦煌学十八讲》，北京大学出版社，2001年，第53—74页。

敦煌莫高窟今编号第 16 窟，左侧（以佛像自身的方位确定）是藏经洞入口，今编号第 17 窟。该照片是斯坦因将两张负片叠在一起合成的藏经洞照片，即在洞窟原始照片中加上了两组藏经洞中的文书。

绣织品等遗物，年代自唐至宋，极大地丰富了世人对于唐宋佛教绘画的认知。仅英籍匈牙利探险家斯坦因（Marc Aurel Stein，1862—1943）自藏经洞带走，后入藏英国伦敦不列颠博物馆（The British Museum）的绢画、幡与刺绣织品便有 280 余件[①]（图 0-1）。接踵而至的法国汉学家伯希和（Paul Pelliot，1878—1945）自藏经洞带走，并入藏法国巴黎吉美博物馆（Musée National des Arts Asiatiques–Guimet）的绢帛绘画约有 400 余件，大部分为尊像图、经变图及佛教故事画等，幡画题材主要有引路菩萨像、天王像、行脚僧像与高僧像等，画幅大者 3 米余高，有若干绢画有明确的年代题记。

　　敦煌莫高窟藏经洞所藏的绢帛佛画原是由供养者出资在石窟与寺院内供奉祈愿功德的载体，英国艺术史家安德鲁斯（Fred H. Andrews）早年曾对藏经洞所出的绢帛绘画的材料与工

图 0-1　敦煌莫高窟藏经洞的文书与绢画

Marc Aurel Stein, *Ruins of Desert Cathay*, London: Macmillan, 1912, Fig. 188

[①] 斯坦因自敦煌莫高窟藏经洞带走的绢本、麻布本、纸本绘画和绣幡有 530 余件，其中绢本绘画 330 余件，麻布本 90 余件，纸本 100 余件。今分藏英国伦敦不列颠博物馆、印度新德里国立博物馆与俄罗斯圣彼得堡国立艾尔米塔什博物馆等。

艺进行过细致的分析。^①从中可知，敦煌藏经洞绢帛绘画的绘制技法与古代称为"丹青"的工笔重彩画一脉相承。相较于传世的卷轴画作品，藏经洞所出的绢帛绘画扩展了世人对于唐宋时期宗教美术的认知。由于佛画主要为地方工匠所绘，其水平高下分明，其时代风格、地域风格、艺术家的个人风格与出资者的诉求等信息均蕴藏在作品之中。如果说敦煌藏经洞绢帛佛画更多是代表中原汉地传统，那么自敦煌以西发现的高昌绢帛佛画则更多体现了东西方文化的交汇。

新疆吐鲁番绿洲古称高昌（Kocho），自公元 5 世纪始，当地统治者便直接参与并倡导佛事活动，^②佛教信仰历经高昌郡、高昌国、唐西州至高昌回鹘王国时期甚至更晚。高昌是前伊斯兰时期西域诸国中佛教弘布的最后乐土，当地的佛教信仰曾长期与祆教、摩尼教和景教并存，呈现出丰富多彩的宗教文化面貌。

20 世纪初，俄国、德国与日本等数支探险队曾在吐鲁番的高昌故城（Kocho）、交河故城（Yarkhoto）、木头沟（Murtuk）与土峪沟（Tuyoq）等遗址（图0-2）中获得精美的绢帛佛画^③，年代多集中于唐与高昌回鹘时期，题材主要有经变画与尊像

---

① 安德鲁斯的分析摘录如下："所有的画用的都是蛋彩水胶颜料，颜料中加入了水和一种黏合剂。主体颜料（如紫色或猩红色）上薄薄地涂了层透明颜料。织物似乎先要在浆或矾中浸一下，以便颜料能涂得均匀，并防止较薄的颜料流散得过开。上过浆后，把图样转移到材料上去，其方法或者是用针刺的印花粉印图样，或者当所用材料为彩色薄纱时，只需把图样放在纱下，将其描下来即可。然后用小号毛笔蘸灰色颜料将轮廓线固定下来。当所用材料为彩色且颜料较淡时，轮廓线有点像细细的墨线；当所用材料颜色较深时，轮廓线颜色则较浅。然后在轮廓线内薄薄地涂上颜料。颜料碾成极细的粉末，很有覆盖力。几乎所有颜料的主体都是一种十分有效的白色颜料，在单独使用这种白色颜料的地方，可以清楚地看到它的精细质地。由于至今尚未对它进行分析研究，所以它的成分尚不得而知。但它纯度很高，经过如此长时间也没有变色，说明其中大概不含有铅。可能用的是一种质地很细的白色石头，类似于至今在东方仍用于绘画的石灰岩。颜料主体均匀地涂上去之后，再极为精细地进行晕染，描绘颜色的细微变化。人物的脸颊、指尖、足尖、肌肉、莲花上的粉色极为精致，在精美的绢画中尤其如此。最后用果断、流畅的毛笔线条画上轮廓线，许多轮廓线都画得极好，表明画家对素描十分熟悉。很可能最后的线条是由技术更高的画家绘制，因为经常发生这种情况：最后的轮廓线并未完全遵循开始的灰色线条，而是将其进行了改进。灰色线条常常是犹豫不决、软弱无力的，似乎是新手画的，而最后的轮廓线则几乎总是显得果断而有力。所用颜料种类很多，其中包括金色，但几乎每幅画都颜色和谐、赏心悦目，许多绘画色彩均衡，十分精美。"参见［英］奥雷尔·斯坦因著：《西域考古图记》（第二卷），中国社会科学院考古研究所主持翻译，广西师范大学出版社，1998 年，第 474 页。

② 《魏书》卷一百一补《列传第八十九·高昌》记："俗事天神，兼信佛法"。参见［北齐］魏收 撰：《魏书》第 6 册，中华书局，1974 年，第 2243 页。

③ 德国探险队在新疆的 4 次考察活动参见 Caren Dreyer, *Abenteuer Seidenstrasse. Die Berliner Turfan-Expeditionen 1902-1914*, Leipzig: E.A. Seemann verlag, 2015；日本探险队在新疆的考察活动参见上原芳太郎编：《新西域記》，有光社，1937 年。

图 0-2　高昌故城外景，德国吐鲁番探险队拍摄（编号：B 1534）

Albert von Le Coq, *Chotscho: Facsimile-Wiedergaben der Wichtigeren Funde der Ersten Königlich Preussischen Expedition nach Turfan in Ost-Turkistan*, Berlin: Reimer, 1913, Taf. 67d

图。俄国探险队的收集品今主要保存于俄罗斯圣彼得堡国立艾尔米塔什博物馆（Государственный Эрмитаж），德国吐鲁番探险队的收集品今主要保存于德国柏林亚洲艺术博物馆（Museum für Asiatische Kunst Staatliche Museen zu Berlin）与俄罗斯圣彼得堡国立艾尔米塔什博物馆；日本大谷探险队的收集品主要收藏于日本东京国立博物馆（Tokyo National Museum）、韩国国立中央博物馆（National Museum of Korea）与中国旅顺博物馆等多处。

　　高昌曾是多民族的聚居地，出土的绢帛佛画体现出东西方文化的交融，随着唐王朝的国势增强，高昌的佛教艺术也呈现出中原文明的特点，唐人的审美风尚逐渐占据主流。此后回鹘人由漠北迁入高昌，此时期的绢帛佛画遗迹亦有大量发现，但多为残件，国内对其所知远不及敦煌藏经洞绢画，本书将择其精品分类做出讨论。

黑水城又称黑城（Black city），蒙古语称哈拉浩特（Khara-Khoto，意为黑色之城），位于干涸的额济纳河（黑水）下游北岸的荒漠之上。黑水城曾经是西夏王朝在西部地区重要的农牧业基地和边防要塞，元代河西走廊通往岭北行省的驿站要道，西夏十二监军司之一黑山威福军司治所。1908 年 3 月、1909 年 5 月与 1926 年，俄国探险家科兹洛夫（Pyotr Kozlov，1863—1935）率领俄国皇家地理学会考察队进入了内蒙古腹地的荒漠之中，西夏古城黑水城遗址自此揭开了神秘面纱（图 0-3）。经过数次发掘之后，俄国探险者运走了可观的汉文、西夏文手稿，佛教绘画和雕塑品，其中绢本与麻布本绘画约为 200 余件，现珍藏于俄罗斯圣彼得堡国立艾尔米塔什博物馆。[1]

关于中国敦煌、高昌与黑水城遗址出土绢帛佛画的研究已积累了百余年。先有斯坦因、伯希和、格伦威德尔（Albert Grünwedel，1856—1935）与勒柯克（Albert von Le Coq，1860—1930）等探险家早期公布资料与著述。随后，各国学者就绢帛佛画展开了系统刊布与持续研究。如日本松本荣一（Matsumoto Keichi）对于敦煌绘画图像学的研究起到了发凡起例的作用。20 世纪 80—90 年代日本讲谈社陆续出版的《西域美术·大英博物馆藏品》《西域美术·吉美博物馆藏品》丛书与上海古籍出版社出版的《俄罗斯国立艾尔米塔什博物馆藏敦煌艺术品》丛书将英、法、俄三国所藏敦煌藏经洞绢画系统刊布。2003 年柏林印度艺术博物馆出版的图录集中刊布了该馆馆藏的高昌幡画与绢画残件。2008 年上海古籍出版社《俄藏黑水城艺术品》集中刊布了黑水城绢画。本书参考文献中列出了英、法、俄、德、日、印、韩等国所藏绢帛佛画较为重要的图录与研究成果，以方便读者寻踪探源。

上述遗址出土的绢帛佛画多是佛教供养礼仪时的铺设或在节日盛典中的展示，也有信众做功德回向的作品，后来结合壁画的形式逐步发展成明清时期的水陆画。这些作品均是绢帛佛

---

① 俄国探险队的考察活动参见张惠明：《1896 至 1915 年俄国人在中国丝路探险与中国佛教艺术品的流失——圣彼得堡中国敦煌、新疆、黑城佛教艺术藏品考察综述》，《敦煌研究》，1993 年第 1 期，第 76—79 页。

图 0-3 西夏黑水城遗址西北角外景

台湾历史博物馆编译小组编辑:《丝路上消失的王国——西夏黑水城的佛教艺术》,许洋主译,台湾历史博物馆,1996年,第38页,图23

画遗存的主体。

　　传世绢帛佛画中除若干单纯宗教礼仪功能的画作之外,北宋之后文人绘画的审美情态融入其中,出现了一批绘制精良的佛教题材绢帛绘画作品。很多彪炳史册的画家均曾参与到佛教题材的绘画创作中,这些作品流传有序,弥足珍贵。

　　留存至今的绢帛佛画多数流失海外,其数量众多、异彩纷呈,除少量明确题有作者与年代的作品之外,更多为历代佚名画工所绘,体现出不同时期、地域、信众与画工多元的艺术风貌,本书将择经典之作做出解读。

法相庄严

第一章

绢帛佛画的内容

引 言

佛教术语中的"法相"专指诸法一性殊相或称殊别之相[1]，在佛经中多有论及。《阿毗达磨大毗婆沙论》卷一二九云：

> 唯佛世尊究竟了达诸法性相，亦知势用，非余能知。[2]

另《成实论》卷一《众法品》云：

> 阿难是大弟子，通达法相。[3]

卷二《四法品》云：

> 了义修多罗者谓是义趣不违法相，法相者随顺比尼。比尼名灭，如观有为法，常乐我净，则不灭贪等；若观有为法，无常苦空，无我则灭贪等，知无常等名为法相。[4]

《佛说维摩诘经》卷上《维摩诘所说经·诸法言品第五》云：

> 维摩诘言："菩萨疾者，意知是前未近之罪，住

① 丁福保编纂：《佛学大辞典》，文物出版社，1984年，第699页。
② ［唐］玄奘译：《阿毗达磨大毗婆沙论》，《大正新修大藏经》第27册，第674页下。
③ ［后秦］鸠摩罗什译：《成实论》，《大正新修大藏经》第32册，第244页中。
④ 同上书，第250页中。

欲处故，是病皆为不诚之思，在众劳故。又，问疾者自于其法，都不可得。所以者何？如是病者，但倚四大。又此诸大，为都无主，是所倚亦无我。是病无我，专著两无专著。得病本者，必知精进无我人想，为起法相。身为法数，法起则起，法灭则灭。法转转不相念、不相知，起者不言我起，灭者不言我灭。知法想者，将养其意，而无所住。若以法想，受报大止，已离病者，我不为是。……"①

以上皆说明法相为法的体相。

"庄严"一词在魏晋南北朝时期佛典翻译中经常使用，用它译作梵语的"vyūha""alaṃkra"或"bhūṣita"。白化文曾对"庄严"的词性做出分析："'庄严'作名词时指一种显现出带有佛教色彩装饰得十分华丽的状态，如《佛说阿弥陀经》云：'舍利弗，极乐国土，成就如是功德庄严'②；或指佛与菩萨显现出从内心到外表以至环境的一种整体的精妙宏伟盛饰的壮丽境界，如《大智度论》卷八分析的'般若庄严'等③。'庄严'作动词时则指从事此种庄严，亦用于外表装饰、身心净化与环境布置等。此后，'庄严'的词义转化成一般性的'庄重严肃。'④本章借用源自佛经的"法相"与"庄严"二词来阐释绢帛佛画中佛教圣众的图像之美。

释迦牟尼佛（Śākyamuni）在过去世中，为了度化众生而累劫精勤行菩萨道，于此世示现成佛，具备了圆满身相。在佛经中，常用"相好"形容佛陀身体的庄严殊胜。《增一阿含经》等原始佛教经典已经提及佛身具备"三十二相"⑤与"八十种好"⑥，在大乘佛法中对此更是广泛宣说。佛陀相好庄严是累世修习六

---

① ［吴］支谦译：《佛说维摩诘经》，《大正新修大藏经》第14册，第526页上。
② ［后秦］鸠摩罗什译：《佛说阿弥陀经》，《大正新修大藏经》第12册，第347页上。
③ ［后秦］鸠摩罗什译：《大智度论》，《大正新修大藏经》第25册。
④ 白化文：《汉化佛教法器与服饰》，中华书局，2015年，第71—73页。
⑤ ［唐］地婆诃罗译《方广大庄严经》卷三记："三十二相者：一者，顶有肉髻。二者，螺发右旋其色青绀。三者，额广平正。四者，眉间毫相右白如珂雪。五者，睫如牛王。六者，目绀青色。七者，有四十齿齐而光洁。八者，齿密而不疏。九者，齿白如军图花。十者，梵音声。十一，味中得上味。十二，舌软薄。十三，颊如师子。十四，两肩圆满。十五，身量七肘。十六，前分如师子王臆。十七，四牙皎白。十八，肤体柔软细滑紫磨金色。十九，身体正直。二十，垂手过膝。二十一，身分圆满如尼拘陀树。二十二，一一毛孔皆生一毛。二十三，身毛右旋上靡。二十四，阴藏隐密。二十五，髀膊长。二十六，腨如伊尼鹿王。二十七，足跟圆正足指纤长。二十八，足趺隆起。二十九，手足柔软细滑。三十，手足指皆网鞔。三十一，手足掌中各有轮相毂辋圆备，千辐具足光明照耀。三十二，足下平正周遍案地。"参见《大正新修大藏经》，第3册，第557页上。
⑥ ［唐］地婆诃罗译《方广大庄严经》卷三记："八十种好者：一者，手足指甲皆悉高起。二者，指甲如赤铜。三者，指甲润泽。四者，手文润泽。五者，手文理深。六者，手文分明显著。七者，手文端细。八者，手足不曲。九者，手指纤长。十者，手指圆满。十一者，手指端细。十二，手指不曲。十三，筋脉不露。十四，踝不现。十五，足下平。十六，足跟圆正。十七，唇色赤好如频婆果。十八，声不廉犷。十九，舌柔软色如赤铜。二十，声如雷音清畅和雅。二十一，诸根具足。二十二，臂纤长。二十三，身清净严好。二十四，身体柔软。二十五，身体平正。二十六，身无缺减。二十七，身渐纤直。二十八，身不动摇。二十九，身分相称。三十，膝轮圆满。三十一，身轻妙。三十二，身有光明。三十三，身无斜曲。三十四，脐深。三十五，脐不偏。三十六，脐称位。三十七，脐清净。三十八，身端严。三十九，身极净遍发光明破诸冥暝。四十者，行如象王。四十一，游步如师子王。四十二，行如牛王。四十三，行如鹅王。四十四，行顺右。四十五，腹圆

波罗蜜①，成就无上正等正觉大菩提所得。

"三十二相"，即过去世精勤修集无边相好之业，此生方能得到如是相好。佛经中云，菩萨由修行"决定无杂""谛观微密""常修无间"与"不颠倒行"的四种正业而获得"三十二相"。《瑜伽师地论》云"三十二相"均是以清净戒为因。"三十二相"中每一相的因由在经典中均有细致说明。概言之，三十二相由修持无量众善而得，所以称为"法相庄严"。

佛的体相还具备"八十种好"，此"八十种好"又称为"八十随形好"，意为随三十二形相好。《观无量寿经》中云，无量寿佛有八万四千相，每一相中又有八万四千种随形好。而当修行者在心中观想佛陀之时，他的心即是三十二相、八十种随形好。②可见，"相好庄严"的佛陀在佛经中记载得兼具神性与美好。

佛陀的"庄严法相"呈现出自身的圆满功德，使众生无不升出恭敬之心。在后世宣说佛法的过程中，佛教中的形象亦逐渐有了固定的规范与准则。在绢帛佛画中，佛陀、菩萨与罗汉正是在"法相庄严"的审美标准下进行的创作。本章选取唐至元代流失海外的《树下说法图》《千手千眼观音图》与《释迦三尊像》以及在敦煌、高昌、黑水城诸遗址出土的尊像图、罗汉像等绢帛佛画精品，从"法相庄严"视角进行解读。

满。四十六，腹妙好。四十七，腹不偏曲。四十八，腹相不现。四十九，身无黑子。五十者，牙圆正。五十一，齿白齐密。五十二，四牙均等。五十三，鼻高修直。五十四，两目明净。五十五，目无垢秽。五十六，目美妙。五十七，目修广。五十八，目端正。五十九，目如青莲。六十者，眉纤而长。六十一，见者皆生喜。六十二，眉色青绀。六十三，眉端渐细。六十四，两眉头微相接连。六十五，频相平满。六十六，频无缺减。六十七，频无过恶。六十八，身不缺减无所讥嫌。六十九，诸根寂然。七十者，眉间毫相光白鲜洁。七十一，额广平正。七十二，头顶圆满。七十三，发美黑。七十四，发细软。七十五，发不乱。七十六，发香洁。七十七，发润泽。七十八，发有五卍字。七十九，发彩螺旋。八十者，发有难陀跋多吉轮鱼相"参见《大正新修大藏经》，第3册，第557页中。
① 即布施、持戒、忍辱、精进、禅定与智慧。
② ［南朝宋］畺良耶舍译：《佛说观无量寿佛经》，参见《大正新修大藏经》第12册，第343页上。

第一节

三幅佛画

在石窟、寺院和传世品绢帛佛画中存有众多经典之作。本章列举的首幅《树下说法图》（编号：S. P. 6 Ch. liii. 001，图1-1）是英藏敦煌莫高窟藏经洞所出的绢帛佛画精品。该图以正面结跏趺坐的佛陀为中心，佛陀身后绘以硕大的双树及华盖，周围对称绘制四身菩萨、六身弟子以及两身飞天，佛座下部中央做石碑状，题写发愿文。佛陀、菩萨、僧人与供养人的形体依次递减，突出了佛陀本尊的庄严神圣。绘者对人物形体与画面空间关系给予了高度关注，在人物面部的额头、鼻梁、双颊和下颌等突出部位提染白粉以示凸起，各形象之间穿插交叠的位置关系真实自然。

《树下说法图》中心的佛陀着通肩式袈裟，结说法印，形体比例准确，面相丰腴，双目微启，表现佛陀冥思肃穆之态（图1-1-1）。莲台以红、白、青三色叠晕勾填而成，上绘繁缛的纹饰，呈现清明华贵之美，烘托出佛陀正襟危坐的"庄严法相"。莲花与佛陀形成对称的三角形，增添了画面的稳定感。图中左下位置的女性供养人梳高髻，身着窄袖衫和红色长裙，整体呈现出初唐绘画的图本样式与风格。

《树下说法图》中的菩萨与弟子，分布于宝树周围，菩萨头戴宝冠，上有化佛，结跏趺坐于一朵盛大的红色莲花座之上，莲瓣之上以白粉沥粉点缀，增添了红莲的浓郁典雅之美。弟子取正面或四分之三面视角，尤其是菩萨左侧弟子为正面像，其五官端正、垂睑凝视，庄严静穆，从造型至神态均刻画得栩栩如生，体现了初唐人物画家形象取自现实人物的写真方式（图1-1-2）。

图 1-1 《树下说法图》，佚名，唐代，绢本设色，高 139 厘米，宽 101.7 厘米，出自敦煌莫高窟藏经洞，英国伦敦不列颠博物馆藏（编号 S. P. 6. Ch. ⅲ. 001）

Marc Aurel Stein, *The Thousand Buddhas: Ancient Buddhist Paintings from the Cave Temples of Tun-huang*, London: Bernard Quaritch, 1921, Pl. X

上：图 1-1-1 《树下说法图》（局部）

下：图 1-1-2 《树下说法图》（局部）

《树下说法图》中双树前绘坐佛与菩萨的图式已成为范式，在唐代广为运用，如藏经洞出土的纸本残件（编号：EO. 1171，图1-2）取相似图式。可见该图式与画风自唐代发展并得以延传，是盛唐后广为流传的《阿弥陀净土变》中心母题的雏形。

第二幅《千手千眼观音》（编号：Ty-777，图1-3）为目前所知高昌回鹘王国时期保存最为完整的绢帛佛画作品，[①]出自高昌故城，今收藏于俄罗斯圣彼得堡国立艾尔米塔什博物馆。

千手千眼观世音（Sahasrabhuja-sahasranetra Avalokitesvara）信仰主要源自《千手千眼观世音菩萨广大圆满无碍大悲心陀罗尼经》，经中云：

> 观世音菩萨重白佛言："世尊，我念过去无量亿劫，有佛出世，名曰千光王静住如来。彼佛世尊怜念我故，及为一切诸众生故，说此广大圆满无碍大悲心陀罗尼。以金色手摩我顶上，作如是言：善男子，汝当持此心咒，普为未来恶世一切众生作大利乐。我于是时始住初地，一闻此咒故超第八地。我时心欢喜故，即发誓言：若我当来堪能利益安乐一切众生者，令我实时身生千手千眼具足。发是愿已，应时身上千手千眼悉皆具足。十方大地六种震动，十方千佛悉放光明照触我身，及照十方无边世界。"[②]

图中（图1-3-1）千手千眼观世音像立于莲花座

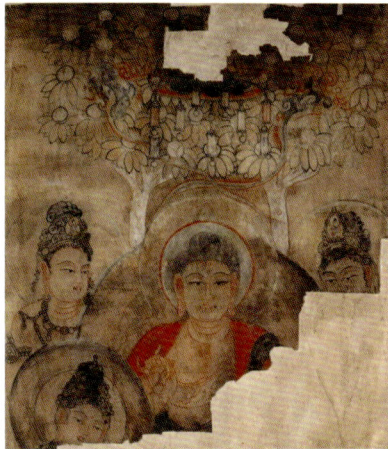

图1-2 《阿弥陀净土图》，佚名，唐代，纸本设色，高54.5厘米，宽53.8厘米，出自敦煌莫高窟藏经洞，法国巴黎吉美博物馆藏（编号：EO. 1171）

ジャック・ジエス：《西域美術：ギメ美術館ペリオ・コレクション》第1卷，講談社，1994年，图20

---

① H. B. 吉娅科诺娃，M. II. 鲁多娃著，张惠明译：《科洛特阔夫，H. H. 收集的千手观音像绢画——兼论公元9~11世纪吐鲁番高昌回鹘宗教的混杂问题》，《敦煌研究》，1994年第4期，第64—69页。

② [唐] 伽梵达摩译：《千手千眼观世音菩萨广大圆满无碍大悲心陀罗尼经》，《大正新修大藏经》第20册，第106页中-下。

图 1-3 《千手千眼观音》，佚名，高昌回鹘时期，绢本设色，高 215.5 厘米，宽 125 厘米，出自高昌故城，俄罗斯圣彼得堡国立艾尔米塔什博物馆藏（编号：Ty-777）

Lilla Russell and Ines Konczak-Nagel edited, *The Ruins Of Kocho. Traces Of Wooden Architecture On the Ancient Silk Road,* Berlin: Museum für Asiatische Kunst Staatliche Museen zu Berlin, 2016, p. 6

图 1-3-1 《千手千眼观音》（局部）

上，菩萨面相庄严，头饰顶部绘结跏趺坐的阿弥陀佛（Amitābha），头发以黄色绢帛束扎，佩戴耳环与项圈，披紫红色云肩，挂朱红与浅蓝色璎珞，下身着长裙。观音像的"千手千眼"绘制在一个桃形的背光之内，胸前有六臂，上二手分别执莲花，中二手合十，下二手结定印；两侧及上方30余只手各执法器，自上而下依次为：

（1）双手持结跏趺坐阿弥陀佛像。

（2）左手举一轮红日，上绘有三足乌；右手托一轮白色圆月，月中绘有桂树，树下玉兔捣药。

（3）左手托七彩云；右手托宫殿。

（4）左手持释迦牟尼坐佛金像；右手似持经卷。

（5）左手持钩；右手持剑。

（6）左手持铃；右手持金刚杵。

（7）左手持印章；右手持宝镜。

（8）左手持如意宝珠；右手持玉环。

（9）左手持手杖；右手持利器。

（10）左手持矛；右手持锡杖。

（11）左手持粉色莲花；右手持白色莲花。

（12）左手持法轮；右手持盾。

（13）左手持箭；右手持弓。

（14）左手持宝匣；右手持法螺。

（15）左手持净瓶；右手执麈尾。

（16）左手持毛笔；右手持柳枝。

（17）左手持容器；右手作吉祥手势。

（18）左手持羂索；右手持念珠。

在桃形背光内，环绕千手观音的是余下的 960 余只手。每只手的掌心均绘有一只眼睛。千手千眼观世音像背光外的上半部绘有 10 排小型结跏趺坐佛像。

千手千眼观世音的上部绘五身有圆形背光的结跏趺坐佛像，体现其对"如来"的崇拜。中间的大佛像结宝光虚空藏印，围绕其四身佛像结说法印。

整幅画面上方与左右两侧共绘有 55 身坐佛。

千手千眼观音的背光两侧周围绘有 15 身眷属，对称分布于观音两侧的中间位置，观音头光两侧分别绘骑狮文殊菩萨像（Mañjuśrī）与骑象普贤菩萨像（Samantabhadra）。观音与文殊、普贤的配置在初唐就已出现，称为"东方三圣像"（图 1-4）。其余形象绘有马头观音（Hayagrīva）、白衣观音（Pāṇḍaravāsinī）、天女（Devakanyā）与婆薮仙（Vasu）等，菩萨脚下莲台两侧绘有两身忿怒金刚（Vájra）像。

该绢画中的供养人是典型的回鹘人装束，画面左侧为回鹘贵族女性，作合掌持花供养姿态；画面

图 1-4　山西太原天龙山第 9 窟 "东方三圣像"，初唐

外村太治郎：《天龍山石窟》，金尾文淵堂，1922 年，图 45

图 1-5 《千手千眼千钵文殊师利菩萨图》，盛唐，绢本设色，高 171 厘米，宽 143 厘米，出自敦煌莫高窟藏经洞，俄罗斯圣彼得堡国立艾尔米塔什博物馆藏（编号：Дх 205）

俄罗斯国立艾尔米塔什博物馆、上海古籍出版社编：《俄罗斯国立艾尔米塔什博物馆藏敦煌艺术品·Ⅰ》，上海古籍出版社，1997 年，图 53

右侧为回鹘贵族男性，亦作持花供养姿态，身旁为胁侍。女性回鹘供养人后的建筑为穹顶，在高昌故城西南大佛寺遗址（即德国编号 β 寺院遗址）中表现明显，反映出典型的中亚建造风格，其建筑样式源自波斯。[①]

高昌所出《千手千眼观音》绢画绘制精细，色彩艳丽，尤其使用了描金技艺，使得画面富丽堂皇。该画图像内容丰富，从画面下方的回鹘供养人着装观察，应

[①] 高昌故城西南大佛寺遗址的典型特点为建筑多取券顶与穹顶，这是一种源自波斯的建筑样式，均是以土坯结合中亚建筑技术建造。无中心的券顶建造技术使用于古代的美索不达米亚（Mesopotamia），随后在帕提亚（Parthia），而在波斯萨珊王朝（Sasanian）时期得到了全面发展。参见 Lilla Russell-Smith, *Uygur Patronage in Dunhuang: Regional Art Centres on the Northern Silk Road in the Tenth and Eleventh Centuries*, Leiden: Brill, 2005, pp. 16-17.Giuseppe Vignato, "Rammed Earth, Adobe and a Little Timber", *The Ruins of Kocho: Traces of Wooden Architecture on the Ancient Silk Road*, Berlin: Museum für Asiatische Kunst Staatliche Museen zu Berlin, 2016, pp. 81-88。

图1-6 《释迦三尊像》，佚名，元代，绢本设色，（各）
高114.2厘米，宽51.5厘米，日本二尊院藏

林树中：《海外藏中国历代名画》，湖南美术出版社，
1998年，图78—80

为回鹘贵族发心供养出资所绘，年代应在高昌回鹘王国盛期。结合原境推想，其功用应是回鹘功德主出资聘请画师制作并置于寺院，以此祈求千手千眼观世音神力的护佑。绢画图像体现出强烈的密教色彩，具有中古时期高昌中西文化交汇的因素，画风体现出中原佛教与唐朝艺术传统的影响（图1-5），是高昌回鹘时期一种混杂的发展至高度程式化的艺术形态，为该时期画风成熟的代表之作。

第三幅绢帛佛画《释迦三尊像》为流传至日本的元代绘画精品（图1-6）。此图为屏风式三幅绘画的组合形式，中央绘作说法印的释迦牟尼佛，两侧绘持如意骑狮子的文殊菩萨与持莲册乘白象的普贤菩萨，各画面均有"进士王锷妻孙百三娘合家眷发心彩绘"的朱印，可知此画是功德主王锷家人发心出资聘请画工绘制。该图绘制极为精致，两尊菩萨像异常华美端严，线条细劲飘逸、设色以朱红色为主调，辅以绿色、黑色与白色，画面静穆典雅，为元代宗教绘画中的经典之作。

本节选取了较为完整的唐代《树下说法图》、高昌回鹘王国时期《千手千眼观音》以及元代的《释迦三尊像》，三幅绢画保存完整，时代、地域及所绘内容各不相同，中原与西域图像关系互相交织，画风勾连紧密，均传达出"法相庄严"之美。

第二节 ❋

尊像图

在历代传世品与寺院供奉的绢帛佛画中有一类礼敬单尊佛像或菩萨像的图式称为尊像图，呈现出对佛教单尊神祇的崇奉。尊像图包括卷轴画与画幡两种形式。

日本龙谷大学藏《观世音菩萨像》为卷轴画形式（图1-7），图中绘双手持莲花的正面观世音菩萨于九重莲台之上结跏趺坐，背后有宝珠状背屏。背景绘翻腾的云雾，其上部中心祥云中绘有华盖垂饰，左右云端中各绘有一身飞天，衣裾飘飘飞舞而下。菩萨青白二色的筒袖与法衣衣裾朱红色边缘悬搭于两肩之上，上有描金花纹。衣服最前端自白色莲花花瓣处悬垂而下。硕大的头光与身光上分散有朱色莲花与唐草花纹。此观世音菩萨像，从纤细的花纹表现以及传统的用笔手法推断，为中原绘制的遗作。该画色彩丰富且沉稳，花纹细节的表现异常精致，推测其制作年代可追溯至元明时期，整体呈现出华美端庄的美学特征。

幡（Patākā）是绢帛佛画遗存中另一类主要形式。在佛教礼仪中通常需要悬幡以求长寿、富贵、官位与子孙兴旺等夙愿。根据白化文所述，幡画，音译"波多迦"，幡为意译。佛教中的幡画常绘佛陀、菩萨与诸天等形象，且挂置于佛殿与石窟之内，用于赞叹佛陀与菩萨之功德，为佛教的庄严具（alaṃkāra-upavicāra）。幡一般有两类，一类是长条形绸布类片状物（编号：S. P. 120 Ch. 0025，图1-8），由四部分组成：上有三角形的幡头；幡头之下在幡身两侧有两条细条，称为幡手；幡身之下则垂饰若干细条，称为幡足。尊像图便绘于幡身之上，也有在幡身书写以代替画作的，称为"种子幡"，或在幡

图 1-7 《观音菩萨像》，佚名，元—明代，绢本设色，高 95.6 厘米，宽 43.5 厘米，日本龙谷大学藏

龍谷大學編集：《特別展〈仏教の来た道—シルクロード探檢の旅〉》，京都：龍谷大學，2012 年，第 71 頁，图 56

图 1-8 菩萨立像幡，佚名，唐代，绢本设色，高 172.5 厘米，宽 18 厘米，出自敦煌莫高窟藏经洞，英国伦敦不列颠博物馆藏（编号：S. P. 120 Ch. 0025）

ロデリック・ウィットフィールド 編：《西域美術：大英博物館スタイン・コレクション》第 1 卷，東京：講談社，1982 年，图 28

图 1-9 幡，佚名，唐代，绢本设色，高 131 厘米，宽 19 厘米，出自敦煌莫高窟藏经洞，英国伦敦不列颠博物馆藏（编号：Ch. 00342）

Susan Whitfield edited, *The Silk Road: Trade, War and Faith*, London: The British Library, 2004, P. 279, Fig. 237

图 1-10 《观世音菩萨立像》，佚名，唐代，绢本设色，高 46 厘米、宽 18 厘米，出自敦煌莫高窟藏经洞，英国伦敦不列颠博物馆藏（编号 S. P. 130 Ch. lv. 0032）

ロデリック・ウィットフィールド編：《西域美術：大英博物館スタイン・コレクション》第 1 卷，東京：講談社，1982 年，図 51

身绘制持物与印契，称为三昧耶形幡。另一类是简化的幡，幡身主要绘团花（编号：Ch. 00342，图 1-9），幡头和幡身之间、幡身之下各以长绸布条联结。① 可见幡有着固定的组成形式，是佛教礼仪中的重要物质载体。本书选取的绢帛佛画多绘于幡身之上。

英藏敦煌莫高窟藏经洞所出《观世音菩萨立像》绘于幡身上（编号 S. P. 130 Ch. lv. 0032，图 1-10）。菩萨作正面像，面部及身体造型取意尚圆，皮肤晕染精制细腻，多以朱臕色低染法深浅浓淡晕成，凸起处以白粉色提染，注重体积感的呈现，显然是在西域画法的影响下进行了改进（图 1-10-1）。菩萨裙衣以白色作底，之上晕染胭脂与珊瑚等色，显得异常华美庄严。

俄藏敦煌莫高窟藏经洞所出《弥勒像》（编号：Дx 225，图 1-11）上残存一身善伽跌坐的弥勒佛（Maitreya），弥勒身着袒右式袈裟，施无畏印，倚坐，双足踏莲花，像上存莲花伞盖。佛像面颊丰腴，神态庄重祥和，佛衣线条流畅，随身体转折自然，衣纹组织疏密有致，设色明丽沉厚，佛像的造型与技法呈现出典

① 白化文：《汉化佛教法器与服饰》，中华书局，2015 年，第 80—81 页。

图 1-10-1 《观世音菩萨立像》（局部）

图1-11《弥勒像》,佚名,中唐,高64厘米,宽33厘米,绢本设色,出自敦煌莫高窟藏经洞,俄罗斯圣彼得堡国立艾尔米塔什博物馆藏(编号:Д x 225)

俄罗斯国立艾尔米塔什博物馆、上海古籍出版社编:《俄罗斯国立艾尔米塔什博物馆藏敦煌艺术品·Ⅰ》,上海古籍出版社,1997年,图77

右：图 1-12 《地藏菩萨像》，佚名，唐
代，高 83.8 厘米，宽 18.1 厘米，绢本设
色，出自敦煌莫高窟藏经洞，东京国立
博物馆藏（编号：TA 158）

ジャック・ジエス：《西域美術：ギメ美
術館ペリオ・コレクション》第 2 巻，
講談社，1994 年，図 54

左：图 1-12-1 《地藏菩萨像》（局部）

图1-13 《普贤菩萨立像》，佚名，五代，绢本设色，高59.8厘米，宽17.8厘米，出自敦煌莫高窟藏经洞，法国巴黎吉美博物馆藏（编号MG.17770）

型的唐代风格。

地藏菩萨（Kṣitigarbha）出现于释迦牟尼佛涅槃后至弥勒佛出世前的无佛时代，被称为救济六道众生的菩萨，随末法[1]思想的盛行而受到广泛追崇。地藏菩萨的形貌常见有比丘装、戴帽装和戴冠装三种样式。此《地藏菩萨像》幡画（编号：TA 158，图1-12）所绘即为比丘装，地藏身披袈裟，足踏莲台，双手抬至胸前作印相。皮肤微施晕染，头光以朱砂、石青与石绿三色叠晕而成，袈裟的用线与用色简洁明快。菩萨低头微垂，神情肃穆，欲言又止，由此可推想唐人将源自现实的女性温婉情态融入菩萨的面相特征中。仔细品读此幅绢画中地藏菩萨的面容，实乃现实情感与宗教神性的完美结合（图1-12-1）。

法藏敦煌莫高窟藏经洞所出《普贤菩萨立像》（编号MG. 17770，图像1-13）[2]幡画中，菩萨形象华美、装饰繁缛、制作精细，菩萨全身披挂红、绿、黄、蓝等珠宝璎珞，头与腰部微向右倾，使其形态呈S型曲线。菩萨左手垂作捻指状，右手捻花枝，双足以八字形分开立于莲台之上，画面用线细劲，晕染淡雅纯正，并统摄于全幅画面的暖色调中。该菩萨垂睑欲语，面容兼具神性与人性，体现了有唐一代画家将菩萨赋予女性端庄温婉的时代风尚（图1-13-1）。

英藏敦煌莫高窟藏经洞所出《文殊菩萨与普贤菩萨赴会图》（编号：S. P. 33 Ch. xxxvii. 003，S. P. 34 Ch. xxxvii. 005，图1-14）[3]绢画残件，分别绘

---

① 佛教认为，释迦牟尼涅槃后500年为正法时期，此后1000年为像法时期，10000年为末法时期。
② ジャック・ジエス：《西域美術：ギメ美術館ペリオ・コレクション》第2卷，講談社，1994年，図4。
③ Marc Aurel Stein, *The Thousand Buddhas: Ancient Buddhist Paintings from the Cave Temples of Tun-huang*, London: Bernard Quaritch, 1921, Pl. Ⅳ, Ⅴ.

图 1-13-1 《普贤菩萨立像》（局部）

骑狮文殊菩萨与眷属、骑象普贤
菩萨与眷属，两身菩萨的坐骑均
由昆仑奴牵引，两组菩萨周围胁
侍相似，领头者均为一群菩萨，
另有伎乐天与护法神像。此二图
左右对称，根据文殊菩萨与普贤
菩萨的图像样式推知原图为三
尊像。

唐代文殊图像根据《广清凉
传》记载，由长安相匠安生在五
台山原创。《广清凉传》记：

大孚灵鹫寺之北，
有小峰，顶平无林木，
岿然高显，类西域之灵
鹫焉。其上祥云屡兴，
圣容频现，古谓之化文
殊台也。唐景云中，有
僧法云者，未详姓氏，
住大华严寺。每惟大圣
示化，方无尊像，俾四
方游者，何所瞻仰？
乃缮治堂宇，慕工仪
形。有处士安生者，不
知从何而至。一日，应
召为云塑像。云将厚酬
其直，欲速疾工。生谓
云曰："若不目睹真像，
终不能无疑。"乃焚香
恳启。移时，大圣忽现
于庭。生乃欣踊躄地祝
曰："愿留食顷，得尽

图1-14 《文殊菩萨与普贤菩萨赴会图》，佚名，晚唐至五代，绢本设色，文殊图（右）：高219.4厘米，宽115.2厘米，普贤图（左）：高218.7厘米，宽114.8厘米，出自敦煌莫高窟藏经洞，英国伦敦不列颠博物馆藏（编号：S. P. 33 Ch. xxxvii. 003, S. P. 34 Ch. xxxvii. 005）

模相好。"因即塑之。厥后，心有所疑。每一回顾，未尝不见文殊之在傍也。再摹功毕，经七十二现，真仪方备。自是，灵应胅蜜，暇迩归依，故以'真容'目院焉。①

《文殊菩萨与普贤菩萨赴会图》（图1-14）中的人物晕染不同于前述《观世音菩萨立像》（图1-10）与《地藏菩萨像》（图1-12），画家以团块造型意识巧妙采用了高染法与低染法结合的方式晕染，体现出唐代画法的丰富性。

骑狮文殊菩萨与骑象普贤菩萨对称绘制的图像根据晚唐张彦远《历代名画记》关于画家尹琳的记载可追溯至初唐时期②。自盛唐始，敦煌壁画中骑狮文殊图像出现了专门为文殊牵狮子的驭

① ［宋］释延一《广清凉传》卷中《安生塑真容菩萨十》。参见［唐］释慧祥、［宋］释延一、［宋］张商英撰，陈扬炯、冯巧英校注：《古清凉传·广清凉传·续清凉传》，山西人民出版社，1989年，第62—63页。

② "慈恩寺塔内面东西间，尹琳画，西面《菩萨骑狮子》，东面《骑象》。""尹琳，善佛事、神鬼、寺壁，高宗时得名，笔迹快利。今京师慈恩寺塔下南面《师利》、《普贤》极妙。"参见［唐］张彦远著，俞剑华注释：《历代名画记》卷三《记两京外州寺观画壁》与卷九《唐朝上一百二十八人》，上海人民美术出版社，1964年，第60、185页。

者，如敦煌莫高窟盛唐第 148 窟南壁龛外东侧绘骑狮文殊图，北壁佛龛外东侧绘骑象普贤图，图像中驭狮者与驭象者均为昆仑奴形象。敦煌莫高窟自中唐时期始，骑狮文殊图像中又加入五台山化现图，如莫高窟中唐第 159 窟西壁佛龛两侧对称绘制文殊菩萨与普贤菩萨，驭者均为昆仑奴形象，西壁北侧文殊图变为下方以屏风形式绘制五台山化现图。至五代时期莫高窟出现了"新样文殊"图像，并发展出文殊三尊①、文殊五尊②乃至七尊像③等图式。与前期文殊图像相比，"新样文殊"图像的最大区别在于驭者从昆仑奴演变为于阗王，文殊菩萨周围加入佛陀波利（Buddhapāla）与文殊化现老人身等形象，背景多加入五台山化现等新的母题图像。

在梳理骑狮文殊菩萨图像的发展谱系后，可归纳出英藏编号 S. P. 33 Ch. xxxvii . 003 与 S. P. 34 Ch. xxxvii . 005 绢画的样式特点：

第一，文殊菩萨与普贤菩萨对称绘制；

① 文殊三尊一般由文殊菩萨、于阗王与善财童子形象组成，如山西五台山南禅寺须弥坛上文殊菩萨三尊像等。
② 文殊五尊一般由文殊菩萨、于阗王、善财童子、佛陀波利与文殊化现老人身形象组成，如山西五台山南台佛光寺主殿配阁中文殊菩萨五尊像等。
③ 七尊像是在文殊五尊像的基础上加入两身胁侍菩萨像组成。参见孙修身：《中国新样文殊与日本文殊三尊五尊像之比较研究》，《敦煌研究》1996 年第 1 期，第 49 页。

图 1-15 《文殊菩萨与普贤菩萨赴会图》，佚名，西夏，绢本设色，文殊图（左）：高 96 厘米，宽 60 厘米，普贤图（右）：高 103 厘米，宽 57.3 厘米，黑水城遗址出土，俄罗斯圣彼得堡国立艾尔米塔什博物馆藏（编号：x-2447, x-2444）

第二，文殊菩萨与普贤菩萨周围绘有众多眷属；

第三，牵狮与牵象者为昆仑奴。

从以上图像样式特征中可以认定，该图式是初唐以后逐渐发展并流布，此图式延续并影响了后代图像的发展。

至西夏时期，俄藏黑水城遗址所出《文殊菩萨与普贤菩萨赴会图》（编号：x-2447，x-2444，图1-15）[1]，文殊菩萨坐于狮背莲座之上，左手抚膝、右手持如意，狮子前有一身双手合掌的善财童子，文殊菩萨身后绘一位老者，牵狮者为昆仑奴；普贤菩萨坐于六牙象背的莲座之上，手持莲花与经册，象后有一位童子和一位老者，牵象奴为高鼻深目的胡人。文殊菩萨、普贤菩萨与中间已佚佛像原为一组三尊像组合。从此图可见，西夏与唐代图式的延续，而西夏时期内蒙古黑城绘制的画作更加注重以线为骨，起承转合中减弱了色彩的浓度、结构紧凑、绘制精密。

典藏绢帛佛画中的佛陀与菩萨，其画法精彩纷呈，均表现出"法相庄严"之美，这既是当时举行佛教法会的需要，更是历代画工与功德主心相寄托升华的呈现。

---

[1]　林树中主编：《海外遗珍·中国佛教绘画》，湖南美术出版社，2001年，图71-72。

第三节 胡貌梵相

中国绢帛佛画中的罗汉像常以胡僧形貌入画，呈现出丑怪仪态，此类绘画存留众多，形象规律有迹可循。

一、罗汉

"罗汉"（Arhat），又作阿卢汉、阿罗诃、阿啰呵、阿黎呵、遏啰曷帝，略称罗汉、卢汉、啰呵，音译为"阿罗汉"，义译为声闻、杀贼、不生、无生、无学、真人、尊者，取"杀烦恼贼""应供当受人天供养"与"永入涅槃不再受生死果报"之意。[①] 罗汉在小乘佛教中指摆脱轮回之境的修行圆满者，在大乘佛教中指达到菩萨果位之前的修行者，是受佛敕且永住此世而济度众生的尊者。

中土流行的罗汉图像主要有十六罗汉、十八罗汉与五百罗汉等规制。十六罗汉的名号源自《大阿罗汉难提密多罗所说法住记》（简称《法住记》），此经对罗汉记述为："一切皆具三明六通八解脱等无量功德。离三界染诵持三藏博通外典。承佛敕故。以神通力延自寿量。乃至世尊正法应住常随护持。及与施

[①] 罗汉是指出离生死，证得尽智，而堪受世间大供养的圣者，亦指圣者所获得的阿罗汉果位。唐玄奘译《阿毗达磨大毗婆沙论》卷九四云："问何故名阿罗汉。答应受世间胜供养故。名阿罗汉。谓世无有清净命缘非阿罗汉所应受者。复次阿罗者。谓一切烦恼。汉名能害。用利慧刀害烦恼贼。令无余故名阿罗汉。复次罗汉名生。阿是无义。以无生故名阿罗汉。彼于诸界诸趣诸生死法中不复生故。复次罗汉名一切恶不善法。言阿罗者。是远离义。远离诸恶不善法故。名阿罗汉。此中恶者谓不善业。不善者谓一切烦恼。障善法故说为不善。是违善义。如有颂言。远离恶不善，安住胜义中，应受世上供，故名阿罗汉。"参见《大正新修大藏经》第27册，第487页中。丁福保编纂：《佛学大辞典》，文物出版社，1984年，第737页。

主作真福田。令彼施者得大果报。"①

明代僧人真可在《紫柏尊者全集·唐贯休画十六应真赞》的每篇赞文中均系有小序，对各帧罗汉的名号和形貌姿态做出记述。②

第一，宾度罗跋啰惰阇尊者（Pindolabharadraja）。一手持杖，而手屈二指，膝上阁经而不观。

第二，迦诺迦伐蹉尊者（Kanakavatsa）。双手结印而杖倚肩。

第三，迦诺迦跋厘堕阇尊者（Kanakabharadraja）。骨瘦棱层，目瞠而眉横如剑，右手执拂，左手按膝。

第四，苏频陀尊者（Subinda）。趺坐石上，右手握拳，左手按膝，眉长覆面。

第五，诺距罗尊者（Nakula）。双手执木童子爬痒。

第六，跋陀罗尊者（Bhadra）。匾脑丰颐，瞠目上视，手掐数珠。

第七，迦理迦尊者（Kalika）。宴坐石上，眉长绕身。

第八，伐阇罗弗多罗尊者（Vajrapu）。露肩交手，注目视经。

第九，戍博迦尊者（Jivaka）。侧坐，正见半面，一手执扇拂，一手屈三指。

第十，半托迦尊者（Panthaka）。双手持经，缩颈耸肩，注目视之。

第十一，啰怙罗尊者（Rahula）。撑眉怒目，手有所指。

第十二，那伽犀那尊者（Nagasena）。擎拳拄颔，开口露舌见喉而大笑。

第十三，因揭陀尊者（Angaja）。杖藜倚肩，左手托经，垂头而注视，右手掐珠。

第十四，伐那婆斯尊者（Vanavasin）。六用不行，入定岩谷。

第十五，阿氏多尊者（Ajita）。双手抱膝而开口仰视，齿牙毕露，脱去数枚。

第十六，注荼半托迦尊者（Cudapanthaka）。倚枯槎而书空，腰插棕扇一握，上画日月。

十六罗汉在历代罗汉像绘画中成为重要题材。逐步显现出固定的视觉表现。

二、贯休笔法

在存世的绢帛佛画中，自唐代始，罗汉形象便以胡僧形貌入画，已渐趋世俗化，具有较强的写实性。至五代，罗汉像进一步发展出丑怪之态，该审美意向由

---

① ［唐］玄奘译：《大阿罗汉难提密多罗所说法住记》，《大正新修大藏经》第 49 册，第 12 页。
② 蓝吉富主编：《禅宗全书》第 50 册，文殊出版社，1989 年，第 474—475 页。

图1-16 《罗汉像》，佚名，唐代，绢本设色，吐鲁番山脚遗址出土，高21厘米，宽45厘米，德国柏林亚洲艺术博物馆藏（编号：Ⅲ 7241）

僧人贯休创立，为世人称颂，并为历代画家仿效。

此幅唐代《罗汉像》残件（编号：Ⅲ 7241，图 1-16）^① 系第三支德国吐鲁番探险队在新疆吐鲁番山脚遗址（Turfaner Vorberge）所获。^② 罗汉绘有白色头光，面向左方，左臂伸展，右手握拳举于头后，怒目张口作降魔状。该罗汉的笔法与库木吐喇窟群区第 16 窟涅槃图中举哀弟子的笔法一致，均以吴道子首创顿挫有力的"莼菜条"式笔法绘制。

库木吐喇第 16 窟主室前壁窟门上方半圆形壁面绘有涅槃题材壁画（图 1-17）。这是目前所知龟兹石窟中唯一一铺唐代涅槃题材壁画，惜在 20 世纪初由德国吐鲁番探险队揭取，并在第二次世界大战中丢失（编号：IB 8912）。龟兹石窟的涅槃图像一般绘制在中心柱窟主室后甬道正壁或前壁位置。^③ 涅槃题材图像出现在中心柱窟主室前壁位置几乎不见，仅在方形窟主室前壁位置上有过绘制。^④ 涅槃题材图像出现在中心柱窟主室前壁位置，可以看作是龟兹唐风洞窟的新的图像配置。^⑤

此涅槃图中佛陀身着朱红色袈裟，有白色衬里，内穿石绿色僧祇支，右手

---

① ［德］阿尔伯特·冯·勒柯克、恩斯特·瓦尔德施密特：《新疆佛教艺术》第7卷，管平、巫新华译，新疆教育出版社，2006年，第668页，图版33。

② 吐鲁番山脚遗址主要包括葡萄沟（Būlärāḳ）和桃儿沟（Kurūtḳa）遗址。

③ 如克孜尔第 38 窟后甬道正壁绘涅槃图，克孜尔第 58 窟与库木吐喇窟群区第 12 窟后甬道前壁绘涅槃图。

④ 如克孜尔第 161 窟主室前壁绘涅槃图。

⑤ ［德］阿尔伯特·冯·勒柯克、恩斯特·瓦尔德施密特：《新疆佛教艺术》第7卷，管平、巫新华译，新疆教育出版社，2006年，第627页。图片参见同书第7卷第568页图版D.a，第665—666页图版30、31。另参见 Caren Dreyer, et al., *Museum für Indische Kunst, Dokumentation der Verluste, Band Ⅲ*, Berlin: Museum für Indische Kunst, SMB, 2002, p. 178–179, IB 8912。

图 1-17 《涅槃图》，佚名，唐代，库木吐喇窟群区第 16 窟主室前壁，壁画，德国吐鲁番探险队揭取，已佚（编号：IB 8912）

［德］阿尔伯特·冯·勒柯克、恩斯特·瓦尔德施密特：《新疆佛教艺术》第 7 卷，管平、巫新华译，新疆教育出版社，2006 年，第 665 页，图版 30

图 1-17-1 《涅槃图》（局部），举哀弟子，德国柏林亚洲艺术博物馆提供（编号：B185）

支颐，右胁卧于娑罗树下的七宝床上，头枕汉式花枕，有头光与身光，身光分为三层，内层勾描团花纹，中间一层绘几何纹带，内绘花卉，外层绘叶片形排列花卉纹。围绕佛陀的是举哀四众，其中前排绘九身比丘像，作悲痛欲绝之态（图 1-17-1），比丘身后穿插绘有九身菩萨，皆有头光。比丘痛苦的神情与菩萨的平静之态形成鲜明对比。

库木吐喇第 16 窟壁画的年代笔者判定为 8 世纪上半叶[1]，壁画中举哀弟子与高昌绢帛佛画《罗汉》像均源自胡僧形象，笔法风格亦为在西域流行的成

---

[1] 刘韬：《唐与回鹘时期龟兹石窟壁画研究》，文物出版社，2017年，第 239—246 页。

熟的唐代画风。

晚唐以降，佛教禅宗得到了空前发展，以不立文字、直指人心、见性成佛为特征。五代时期，佛道并盛，寺院中的壁画继唐代之后进一步流行。前蜀、后蜀僻处西陲，社会安宁，帝王多又奖励提倡绘事，因此人才辈出。中原画家纷纷西去蜀地避乱，传播了道释绘画图样，促成两蜀绘事的兴盛。僧人贯休是当时蜀地画家中称名一时擅绘道释人物的画家，而且他还创造了风格怪诞的宗教人物画风。

贯休擅绘罗汉，一改唐人的写实风格，以庞眉大目、高颧隆鼻为特征，其形貌可归纳为"胡貌梵相"。他笔下的罗汉像取变形之态，怪诞丑厥，富有神秘感与威慑力，画风崇尚"丑""怪"之风。此种奇异之相，据史料记载，贯休曾称此"不类世间所传"的罗汉像是他"梦中所睹尔"，故此丑厥怪诞的罗汉像应是贯休冥思之时悟对通神的幻化之貌。

贯休所作罗汉以《十六罗汉》最为有名，《益州名画录》记：

> 禅月大师，婺州金溪人也。俗姓姜氏，名贯休，字德隐。天福年入蜀，王先主赐紫衣师号，师之诗名高节，宇内咸知。善草书图画，时人比诸怀素。师阎立本，画罗汉十六帧，庞眉大目者，朵颐隆鼻者，倚松石者，坐山水者，胡貌梵相，曲尽其态。或问之，云："休自梦中所睹尔。"又画释迦十弟子，亦如此类。人皆异之，颇为门弟子所宝。当时卿相皆有歌诗。求其笔，唯可见而不可得也。太平兴国年初，太宗皇帝搜访古画日，给事中程公（羽）牧蜀，将贯休罗汉十六帧为古画进呈。[①]

《图画见闻志》亦有相似记载：

> ……道行文章外，尤工小笔。尝睹所画水墨罗汉，云是休公入定观罗汉真容后写之，故悉是梵相，形骨古怪。其真本在预章西山云堂院供养，于今郡将迎请祈雨，无不应验（休公有诗集行于世，兼善书，谓之姜体，以其俗姓姜也）。[②]

---

① ［宋］黄休复：《益州名画录》卷下《能格下品七人》，参见［唐］段成式等撰：《寺塔记·益州名画录·元代画塑记》，秦岭云点校，人民美术出版社，1964年，第55页。
② ［宋］郭若虚：《图画见闻志》卷二《纪艺上》，参见米田水译注：《图画见闻志·画继》，湖南美术出版社，2000年，第72页。

另《宣和画谱》记：

> ……初以诗得名，流布士大夫间。后入两川，颇为伪蜀王衍待遇，因赐紫衣，号禅月大师。又善书，时人或比之怀素，而书不甚传。虽曰能画，而画亦不多。间为本教像，唯罗汉最著。伪蜀主取其本纳之宫，中设香灯崇奉者踰月，乃付翰苑大学士欧阳炯作歌以称之。然罗汉状貌古野，殊不类世间所传。丰颐蹙额，深目大鼻；或巨颡槁项，黝然若夷獠异类，见者莫不骇瞩。自谓得之梦中，疑其托是以神之，殆立意绝俗耳，而终能用此传世。太平兴国初，太宗诏求古画，伪蜀方归朝，乃获《罗汉》。今御府所藏三十：
>
> 维摩像一，须菩提像一，高僧像一，天竺高僧像一，罗汉像二十六。①

据以上三书所记，贯休的罗汉像均"庞眉大目者，朵颐隆鼻者""胡貌梵相，曲尽其态"，对于贯休创作的罗汉像，三书记载类似②，佛陀的"三十二相"与"八十种好"界定了佛像的造相规范，佛陀与菩萨像至唐代已完成"改梵为夏"的中国化面貌，即在"法相庄严"美学统摄下创造的肃穆静谧的佛陀与慈悲端严的菩萨之像，而罗汉像的形象大致从《法住记》流行后才开始普及，多以现实中的僧人尤其是胡僧形象为基础进行创作，在历代罗汉像中，有不少罗汉像就是高僧形象，画家甚至以自己的形象入画，如《十国春秋》记：

> 又绘罗汉十六身，并一佛二大士像，皆作古野之貌，不类人间。或曰梦中所睹，觉后图之，谓之应梦罗汉。一云贯休尝自梦得十五罗汉梵相，尚缺一，有告曰："师之相乃是也。"于是遂为《临水图》以足之。翰林学士欧阳炯常作诗述其事。③

此梦中所得与自我形象的转化成就了贯休所创罗汉像丑诞怪谲的审美指向。贯休所绘《十六罗汉像》的真迹久已无存，今尚存的传本主要有日本宫内厅本

---

① ［北宋］内院奉敕：《宣和画谱》卷三《道释三》，参见中国书画全书编纂委员会编：《中国书画全书》（第二册），上海书画出版社，1993年，第70页。
② 均为"休自梦中所睹尔""云是休公入定观罗汉真容后写之""自谓得之梦中，疑其托是以神之，殆立意绝俗耳"。
③ ［清］吴任臣撰：《十国春秋》《前蜀十三·列传》，选自［清］吴任臣撰，徐敏霞、周莹点校：《十国春秋》卷四七，中华书局，1983年，第672页。

图 1-18 《十六罗汉图》（部分），贯休（传），
五代，北宋摹本，绢本设色，（各）高 92.2 厘
米，宽 45.4 厘米，日本宫内厅藏

林树中：《海外藏中国历代名画》卷二，湖南
美术出版社，1998 年，第 28—31 页

（图1-18）、高台寺本和杭州西湖圣因寺石刻本。

　　日本宫内厅藏传为贯休所作《十六罗汉图》定为宋初摹本，此图于镰仓时代（1192—1333）传入日本。图中罗汉呈现了文献中所记的"庞眉大目、朵颐隆鼻"的怪诞丑谲之相。罗汉形象在西域胡僧的基础上做变形处理，造型奇古，画面以勾染法所绘，以颤笔勾线为主（图1-18-1），笔法提按顿挫分明，增进了浓郁的宗教神秘感。

　　贯休无疑是一位具有开拓性与原创性的画家，其创制的"胡貌梵相"的"禅月样"罗汉不

图 1-18-1 《十六罗汉图》(局部)

图 1-19 《红衣罗汉图》，赵孟頫，元，纸本设色，高 26 厘米，宽 52 厘米，辽宁省博物馆藏

中国古代书画鉴定组编：《中国美术分类全集·中国绘画全集》第 7 卷，文物出版社，浙江人民美术出版社，1999 年，图 49

但为当时人称颂，且为历代画家仿效，在中国佛教美术史上书写了灿烂一笔。

至元代，赵孟頫追崇"古意"，重视神韵，在其道释人物绘画中均有充分体现。赵氏所绘《红衣罗汉图》（图 1-19）中一身着浓郁红衣袈裟的罗汉结跏趺坐于红色方毡之上，下为长满青苔的顽石。罗汉深目高鼻，络腮胡须，平伸左手，隐去右手，头后有圆形头光。全图设色浓艳，画风浑厚，禅意悠远。可见，赵氏已将贯休怪诞丑厥之风融入文人绘画优雅含蓄的情境之中。

此图有作者自题：

余尝见卢楞伽罗汉像，最得西域人情态，故优入圣域。盖唐时京师多有西域人，耳目所接，语言相通故也。至五代王齐翰辈，虽善画要，与汉僧何异？余侍京师久，颇尝与天竺僧游，故于罗汉像自谓有得。此卷余十七年前所作，粗有古意，未知观者以为如何也。庚申岁四月一日，孟頫书。

该题记体现出赵氏所绘罗汉形象取自天竺僧人的绘画旨趣，

图 1-20-1

图 1-20-2

图1-20 《六尊者像》，卢楞伽（传），唐代，宋摹本，绢本设色，（各）高30厘米，宽53厘米，故宫博物院藏《六尊者像》仅存六帧，原为《十八罗汉像》。每页有"卢楞伽进"款识

金维诺主编：《中国美术全集·绘画编2·隋唐五代绘画》，人民美术出版社，2006年，图17

同时将其罗汉像风格指向唐代道释人物画家卢楞伽。

唐中期画家卢楞伽得画圣吴道子手诀，入蜀后将"吴家样"传入。据南宋范成大所记，卢楞伽所绘胡僧曾在蜀地为翘楚之作：

> ［峨眉牛心寺］有唐画罗汉一板。笔迹超妙，眉目津津欲与人语。成都古画浮屠象最多，以余所见，皆出此下。蜀画胡僧，惟卢楞伽之笔为第一。今见此板，乃知楞伽源所自，自余十五板亡矣。[①]

北宋御府库藏中便有卢楞伽绘《罗汉像四十八》《十六尊者像十六》《罗汉像十六》《小十六罗汉像三》和《十六大阿罗汉像四十八》等[②]，惜今已不传。传为卢楞伽所绘的《六尊者像》中，各身罗汉兼具汉地与胡地僧人面貌，其侍从与参拜者多以胡人形貌出现（图1-20），各身罗汉迥异的神貌风姿被描绘得淋漓尽致。

从以上阐述中可见，将西域胡僧入罗汉像的画风自唐代时已风行，"胡貌梵相"的罗汉形象一脉相承，五代贯休开创的丑怪之风影响深远，宗教震慑感尤强，而文人绘画中的罗汉像继续沿用胡僧形貌，却更多了几分优雅从容之气，均呈现出中国罗汉像审美表象的丰富性。

除"胡貌梵相"的罗汉形象之外，另有一类罗汉像以汉地人物为原型入画。日本东京国立博物馆藏有《罗汉降临图》（图1-21），图中罗汉结跏趺坐，头部绘有圣光，双手于腹前作结印。罗汉乘海上的

---

① ［南宋］范成大《吴船录》卷上，参见［南宋］范成大：《范成大笔记六种》，孔凡礼点校，中华书局，2002年，第198页。
② ［宋］内院奉敕撰：《宣和画谱》卷二《道释二》，参见中国书画全书编辑委员会编纂：《中国书画全书》（第2册），上海书画出版社，1993年，第67页。

第十七嘎沙巴尊者

图 1-20-3

第十一祖查巴纳塔嘎尊者

图 1-20-4

图 1-20-5

图 1-20-6

图 1-21 《罗汉降临图》，佚名，元代，绢本设色，高 190.3 厘米，宽 107.1 厘米，日本东京国立博物馆藏

龍谷大学编集：《特别展〈仏教の来た道—シルクロード探検の旅〉》，龍谷大学，2012 年，第 72 页，图 57

白云降临，雾霭隔着的岸上有三位戴帽的供养者正和捧花瓶的侍者一起等候。罗汉的左、右上方，白底胭脂色祥云上绘有五位尊者，白底青色的祥云上绘有五位比丘，各自以坐姿飞来。罗汉身着石绿色法衣，左肩披有朱地袈裟，均以泥金绘上花纹，衣裾边缘则以浓墨重彩绘花纹装饰。供养者举起舍利容器，或手持笏板，或合掌向罗汉作揖礼拜，整幅画面绘制华美精致。

诸尊在海上承云降临的图像，与宋代以后盛行的水陆法会上悬挂的一系列水陆画有共通之处，可以认为本图也是其中一例。图右上端的题记无痕。罗汉像表情文雅，衣饰用色丰富，加之细腻的金色花纹，衣着边裾细致的彩色纹理。由此可以推断，制作时代可以追溯至元代。该罗汉少了贯休所创的怪诞之相，平添了尊者的淡定与安详，是为流传至海外的元代精品之作。

纵观历代绢帛佛画，无论是静穆之态的佛陀、华美端严的菩萨抑或是胡貌梵相的罗汉，均以"法相庄严"之美体现了出资人与绘制者对心中宗教理想的诉求与表达。

中国
佛教美学
典藏

缺憾之美

第二章

绢帛佛画残件

引 言

　　绢帛佛画遗存中除可观的完整作品之外，尚存有大量残件，其图像虽不完整，但同样弥足珍贵。本章主要以珍藏于海外博物馆中出土于新疆吐鲁番诸遗址的佛画残件为中心进行阐述。

　　高昌绢帛佛画残件主要是 1902—1914 年由德国吐鲁番探险队（Royal Prussian Turfan-Expeditions）三次在高昌故城（Kocho, 图 2-1）、柏孜克里克（Bäzäklik, 图 2-2）、胜金口（Sängim, 图 2-3）与吐峪沟石窟（Tuyoq, 图 2-4）等遗址中发掘所得，今藏于柏林亚洲艺术博物馆（Museum für Asiatische Kunst Staatliche Museen zu Berlin）。[①] 根据该馆馆员帕特卡娅－哈斯奈尔（Chhaya Bhattacharya-Haesner）的统计，德藏高昌经幡总计 972 件，其中的 72 件在第二次世界大战中丢失（如图 2-5），年代涉及唐至高昌回鹘王国时期，曾在柏林博物馆的历年图录与著述中有序公布。[②] 此外，日本大谷探险队也

[①]　1902—1914 年四支德国吐鲁番探险队的收集品首先入藏柏林市中心施特雷泽曼街（Stresemannstraße）的柏林皇家民族学博物馆（Royal Museum of Ethnography）。第二次世界大战期间，柏林皇家民族学博物馆"吐鲁番藏品"遭到轰炸损坏并被苏联红军运走，今保存在俄罗斯圣彼得堡国立艾尔米塔什博物馆与莫斯科普希金造型艺术博物馆。第二次世界大战结束之后，散布在德国不同地方的藏品于 1956—1957 年重新回到柏林市西郊的达勒姆（Dahlem）。自 1963 年 1 月始，幸存的文物归入柏林印度艺术博物馆（The Indian Art Museum of Berlin）中收藏保存。2006 年德国柏林印度艺术博物馆与德国柏林东亚艺术博物馆（The East Asian Art Museum of Berlin）合并成立德国柏林亚洲艺术博物馆，该馆已于 2017 年 1 月闭馆，部分馆藏品已迁入洪堡论坛展示（Humboldt Forum）。

[②]　德国吐鲁番探险队所获高昌绢帛绘画残件早年在格伦威德尔《高昌故城及其周边地区的考古工作报告（1902—1903 年冬季）》、勒柯克《高昌——吐鲁番古代艺术珍品》《新疆佛教艺术》与柏林印度艺术博物馆各时期的图录中择其精品出版。此后，系统公布德藏绢画残件资料的是帕特卡娅－哈斯奈尔女士编纂的图录《柏林印度艺术博物馆"吐鲁番藏品"中的中亚寺院经幡》，书中收录目前馆藏的经幡 321 件，参见 Chhaya Bhattacharya-Haesner, *Central Asian Temple Banners in the Turfan Collection of the Museum für Indische Kunst, Berlin* (*Painted Textiles from the Northern Silk Route*), Berlin: Dietrich Reimer, 2003。第二次世界大战中德国"吐鲁番藏品"中丢失的绢画图录参见 Caren Dreyer, et al, *Museum für Indische Kunst, Dokumentation der Verluste, Band III*, Berlin: Karl

于 20 世纪初在吐鲁番的哈拉和卓（Karakhoja）、木头沟（Murtuk）、吐峪沟与交河故城（Yarkhoto）等遗址带走了众多绢画残件，作品制作年代多为唐代。早年《西域考古图谱》曾择其精品刊布①，但目前尚未系统整理出版。②为了更好地阐释高昌绢帛佛画，首先对唐与回鹘时期吐鲁番的历史及出土遗址做扼要介绍。

位于吐鲁番盆地火焰山下的高昌城遗址今称作高昌故城，20 世纪初海外探险队多称高昌、哈拉和卓、亦都护城（Idikutshahri）③或达奇亚努斯城（Dakianusshahri）④。该城址历经麹氏高昌、唐西州至高昌回鹘王国时期多次改建，遗留至今的夯土与土坯城墙依然高耸，广袤城址内鳞次栉比的街道遗迹表明该城曾经一派繁华。20 世纪初，德国吐鲁番探险队队长格伦威德尔曾对该城址做过详细调查并且绘制了平面示意图（图 2-1）。在该图中，格氏分别以希腊字母与英文字母分别标注了德国探险队在高昌故城内外发掘各遗迹的名称，虽然现部分遗迹有了中文称谓⑤，但百年间遗迹的消退情况甚为严重，诸多当年德国人命名的遗迹今已难定踪迹，⑥故而在讨论这些当年从各遗迹发掘出的绢帛佛画时，

Findl & Parthners GmbH &Co KG, 2002。

① ［日］香川默识编：《西域考古图谱》（上卷），国华社，1915 年。学苑出版社根据日本国华社 1915 年版影印，学苑出版社，1999 年。

② 1908 年大谷探险队队员橘瑞超、野村荣三郎，1910 年橘瑞超，1912 年橘瑞超与吉川小一郎三次在吐鲁番考察，他们曾带走的绢帛佛画今分别保存于日本、韩国与中国多家博物馆与私人收藏家手中，从未系统整理刊布，故笔者仅能根据在博物馆的考察且参考曾经出版的展览图录得见部分绢画。在参考文献中列举了数次日本大谷藏品展的重要图录。对于中国旅顺博物馆，其藏品目录可参见《關東廳博物館大谷家出品目錄》，载上原芳太郎编：《新西域記》（附录二），有光社，1937 年。関東局编：《旅順博物館圖錄》，座右寶刊行會，1943 年。姜镇庆：《南朝鲜汉城博物馆藏大谷光瑞发掘品目录和旅顺博物馆藏大谷光瑞文书目录》，《中国吐鲁番学会研究通讯》1986 年第 2 期，第 20—21 页。笔者于 2018 年 8 月在旅顺博物馆参观了《古道遗珍——旅顺博物馆藏西域文物精品展》（2017 年 11 月 6 日—2018 年 12 月 31 日），展览中的数件绢帛佛画残件曾在《西域考古图谱》中刊布，但此次展览未出版正式图录。对于大谷收集品绢帛佛画残件的整体研究条件暂不成熟。

③ "亦都护城"即今"高昌故城"，是高昌回鹘王国时期的都城。关于"高昌故城"与"亦都护城"的不同称谓含义，德国学者葛玛丽（Annemarie von Gabain）做出了解释："高昌回鹘王尚使用另一称号'亦都护'（Ïduqut）。这个词来自 Ïduq + qut，意为'圣福'。马赫木德·喀什噶里（Mahnmd Kasoqarī）说'亦都护'称号为拔悉密首领的称号。所以可能是吐鲁番地区的拔悉密人把其首领的称号传给了回鹘人。"参见［德］葛玛丽：《高昌回鹘王国（公元 850 年—1250 年）》，耿世民译，《新疆大学学报（哲学人文社会科学版）》，1980 年第 2 期，第 52 页。关于亦都护城、哈拉和卓与阿斯塔纳的解释，阎文儒谈及："亦都护、哈拉和卓、阿斯塔纳是维族今天对故城、二堡、三堡的称呼。这三处的位置：阿斯塔纳在南，亦都护在中，哈拉和卓在东。"参见阎文儒：《吐鲁番的高昌故城》，《文物》，1962 年第 7-8 期，第 30 页。

④ Dakianusshahri 意为统治之城，音译为达奇亚努斯城。达奇亚努斯（Dakianus）是希腊神话中一位国王的名字，在早期国外探险家如雷格尔（A. Regel）和克莱门茨（Dmitri Alexandrowitsch Klementz）的记录中均将高昌故城记为达奇亚努斯城（Dakianus-Chahri）。

⑤ 20 世纪初，高昌故城曾经是俄、德、日、英等国探险队与探险家的主要发掘地之一。其中德国吐鲁番探险队第一、第三支探险队队长格伦威德尔以希腊字母与英文字母对其发掘的高昌故城各遗迹进行命名，关于德国人对此遗迹命名的示意图，参见本书图 2-1，该遗址的命名在今天依然被学界采用。德国人命名的 β 寺院遗址位于高昌故城内城墙西部之外，原是一处宏大的寺院，国内今常称作"西南大佛寺"，它是现今高昌故城保存最为完好的一处建筑群。此外，德国人命名的高昌故城 Z 寺院遗址今称为"东南小佛寺"。

⑥ 日本信息学协会西村阳子（Yoko Nishimura）等人曾经调查并核对了高昌故城内各遗迹百年前与现今比对情况，参见西村阳子、富艾莉、北本朝展、张勇：《古代城市遗址高昌的遗构比定——基于地图史料批判的丝绸之路探险队考察报告整合》，刘子凡译，载朱玉麒主编：《西域文史》第九辑，2014 年，科学出版社，第 155-202 页。西村阳子、富艾莉、北本朝展、张勇：《高昌故城遗址诸遗迹的比定——基于地图史料批判的丝绸之路探险队考察报告整合》，刘子凡译，载［德］阿尔伯特·格伦威德尔著，新疆文物考古研究所，吐鲁番学研究院编著：《高昌故城及其周边地区的考古工作报告（1902—1903 年冬季）》附录 5，管平译，文物出版社，2015 年，第 197—245 页。Yoko Nishimura, Erika Forte and Asanobu Kitamoto, "A new method for reidentifying ancient excavated structures on the silk road-The case of Kocho", Lilla Russell-Smith and Ines Konczak-Nagel Edited, *The Ruins of Kocho: Traces of Wooden Architecture on the Ancient Silk Road*, Berlin: Museum für Asiatische Kunst - Staatliche Museen zu Berlin, 2016, pp.59-68.

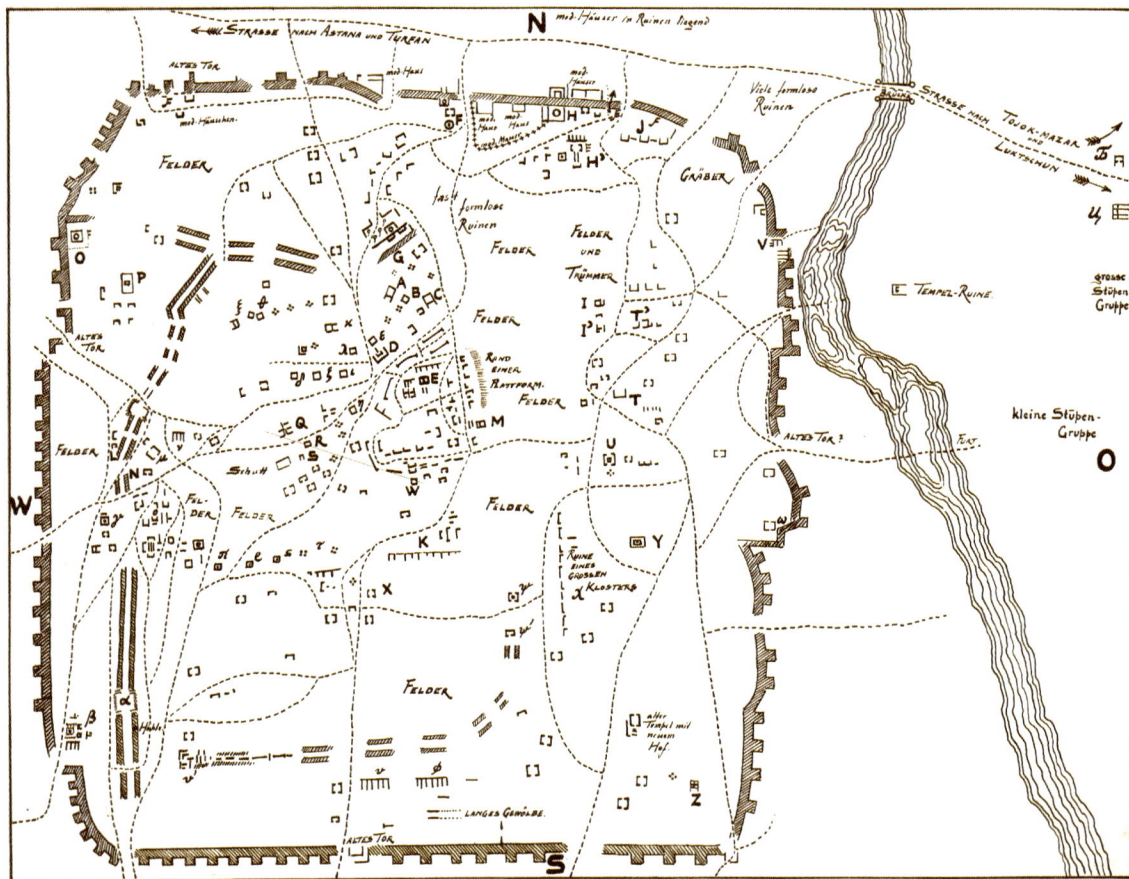

图 2-1 高昌故城平面图及各发掘遗址示意图，格伦威德尔绘制，1902—1903 年，铅笔草图后以墨水制图，德国柏林亚洲艺术博物馆藏（编号：TA 6575）

［德］阿尔伯特·格伦威德尔：《高昌故城及其周边地区的考古工作报告（1902—1903 年冬季）》，管平译，新疆文物考古研究所、吐鲁番学研究院编著，文物出版社，2015 年，图 2

本书依然使用德国人的命名。

　　吐鲁番自东向西的沟谷中亦留存了大量佛教石窟寺遗址，主要包括：斯尔克普沟中的忙得古尔石窟寺；吐峪沟中的吐峪沟石窟寺；木头沟中的胜金口石窟寺，柏孜克里克石窟寺、伯西哈尔石窟寺、七康湖石窟寺；葡萄沟中的葡萄沟石窟寺；桃儿沟中的大桃儿沟石窟寺、小桃儿沟石窟寺及其西侧的库鲁特卡石窟寺；雅尔乃孜沟中的雅尔湖石窟寺、交河沟北石窟寺等。这些石窟或寺院遗址多数经过多国探险队的发掘，是讨论高昌绢帛佛画的原境。

　　西汉曾于吐鲁番绿洲的高昌故城设高昌壁，取"地势高敞，人庶昌盛"之意①。东晋咸和二年（327），前凉在吐鲁番设

①　《北史》卷九七列传第八十五《西域》："高昌者，车师前王之故地，汉之前部

上：图 2-2　20 世纪初柏孜克里克石窟寺
外景，德国吐鲁番探险队拍摄，德国柏林
亚洲艺术博物馆藏（编号：A630）

Albert von Le Coq, *Chotscho: Facsimile-
Wiedergaben der Wichtigeren Funde der
Ersten Königlich Preussischen Expedition nach
Turfan in Ost-Turkistan*, Berlin: Reimer, 1913, Taf.
74b

下：图 2-3　20 世纪初胜金口石窟寺遗址
外景，德国吐鲁番探险队拍摄，德国柏林
亚洲艺术博物馆藏（编号：B 1877）

Albert von Le Coq, *Chotscho: Facsimile-
Wiedergaben der Wichtigeren Funde der
Ersten Königlich Preussischen Expedition
nach Turfan in Ost-Turkistan*, Berlin: Reimer,
1913, Taf. 73a

高昌郡。后历前秦、后凉、段氏北凉、西凉、北凉等数个地方政权，此为高昌郡时期。再经阚氏、张氏、马氏、麴氏政权，为高昌国时期。唐贞观十四年（640），唐灭麴氏高昌国，于此地设立西州。同年，安西都护府设于交河城，高昌成为丝绸之路绿洲城邦中受汉文化影响最深的地区之一。经"安史之乱"（755—763），唐朝对于西域的控制力减弱，再经吐蕃与漠北回鹘的数次战争，高昌遂进入漠北回鹘汗国控制时期，回鹘西迁之后称高昌为"火州"或"和卓"（Qočo, Qoču, Qothcho）。[①]

原居蒙古高原北部色楞格河和鄂尔浑河流域的回鹘人曾以哈拉巴勒嘎斯（Karabalgasun）为首都建立起强大的漠北回鹘汗国。

图2-4 20世纪初吐峪沟石窟寺外景，德国吐鲁番探险队拍摄，德国柏林亚洲艺术博物馆藏（编号：B 0945）

Albert von Le Coq, *Chotscho: Facsimile-Wiedergaben der Wichtigeren Funde der Ersten Königlich Preussischen Expedition nach Turfan in Ost-Turkistan*, Berlin: Reimer, 1913, Taf. 74f

---

地也。东西二百里、南北五百里，四面多大山。……地势高敞，人庶昌盛，因名高昌。亦云：其地有汉时高昌垒，故以为国号。"参见［唐］李延寿：《北史》（第十册），中华书局，1974年，第3212页。

① 据伯希和考证，"火州"与"和卓"或是古汉名的突厥文对音，参见 Paul Pelliot, "Kao-tchang, Qoco, Houo-tcheou et Qarakhodja", *Journal Asiatique*, I. 1912, p. 579。

上：图 2-5《净土变》残件，佚名，高
昌回鹘时期，绢本设色，高 35 厘米，宽
49.5 厘米，柏孜克里克石窟寺出土，德
国柏林亚洲艺术博物馆藏（编号：Ⅲ
7244）

Chhaya Bhattacharya-Haesner, *Central Asian
Temple Banners in the Turfan Collection of the
Museum für Indische Kunst, Berlin (Painted
Textiles from the Northern Silk Route)*, Berlin:
Dietrich Reimer, 2003, p.131, fig. 120

下：图 2-5-1《净土变》残件（局部），
该绢画残件绘佛陀端坐于硕大的宝座之
上，宝座前对称绘有四身护法神，周围
残存朵朵莲花，右下角的莲花座上存一
身跪姿童子，表现的是莲花化生，由此
可知整幅绢画原为净土变题材

Chhaya Bhattacharya-Haesner, *Central Asian
Temple Banners in the Turfan Collection of the
Museum für Indische Kunst, Berlin (Painted
Textiles from the Northern Silk Route)*, Berlin:
Dietrich Reimer, 2003, p.131, fig. 120

回鹘人原初信奉萨满教，后选择摩尼教为国教。唐开成四年至开成五年（839-840），漠北回鹘汗国发生灾荒与内乱并遭到黠戛斯（Kyrgyzes）人的袭击，终至汗国灭亡。回鹘部众开始西迁，其中的 15 部回鹘在庞特勤率领下由漠北迁徙至东部天山地区。会昌二年（842）黠戛斯人对西迁的回鹘部众进行了第二次打击，迫使北庭①（Beshbalik，今吉木萨尔县）的回鹘部众躲入天山山区，安西地区的回鹘部众迁入焉耆、龟兹至若羌与且末一带。庞特勤率部众向西来到焉耆后，势力逐渐强大，后从黠戛斯人手中夺回焉耆与安西，并以焉耆为牙帐，建立了安西回鹘政权。西迁的以焉耆为中心庞特勤部回鹘与原先定居于此的西域回鹘归附汇合，龟兹成为回鹘新的聚居中心，史称"龟兹回鹘"。9 世纪 60 年代焉耆被另外一支回鹘仆固俊部占据，庞特勤部及其后裔迁回龟兹，自此以高昌与北庭为中心建立了高昌回鹘王国（848—1283，亦称西州回鹘）。该王国自 9—13 世纪雄踞西域，曾与宋、辽、西辽、西夏、元等王朝产生过密切交流。高昌回鹘王国在 10 世纪改宗佛教，自此佛教再次兴盛，本书中论及的绢帛佛画残件多为此时期佛教信仰的物质文化载体与图像表达。

　　现今在吐鲁番出土的众多绢帛佛画残件分散保存于德国柏林亚洲艺术博物馆、俄罗斯圣彼得堡国立艾尔米塔什博物馆、日本东京国立博物馆、韩国国立中央博物馆、中国旅顺博物馆等多处，绝大多数为唐与回鹘时期的佛教经幡残件，见证了昔日高昌佛法的兴盛。

---

① "北庭"初以西突厥可汗遣其叶护屯于此，称"可汗浮图城"。唐代称为"庭州"。《资治通鉴》卷一九五《唐纪十一》："上不从，九月，以其地为西州，以可汗浮图城为庭州，各置属县。"参见［北宋］司马光编纂，［元］胡三省音注：《资治通鉴》（第十三册），"标点资治通鉴小组"点校，中华书局，1956 年，第 6156 页。突厥语将北庭称作"别失八里"（Bišbalïq），意味五城之意。

第一节 ✿ 佛陀

　　佛（Buddha）为佛陀之简称，又作休屠或浮陀，意译为言觉者或智者[①]。小乘佛教一般指佛教的创始人释迦牟尼，大乘佛教则泛指包括如来在内一切的"觉行圆满"者。高昌绢帛佛画残件中绘有单尊佛、千佛与双身佛等图像。

　　吐峪沟石窟寺在唐西州时期名"丁谷寺"，曾是一处隐秘的佛教修行圣地。[②]日本大谷探险队从吐峪沟掠走的这件《佛陀》绢画残件或为一幅经变画的主尊（编号：Bon 4044，图2-6）[③]，画面中佛像结跏趺坐于莲花座之上，绘者以匀净的线描绘制佛陀面部，再以顿挫鲜明的笔意绘制袈裟。佛像面容安详宁静、法相庄严、格调超逸，应是画工中的高手所制。

　　《佛头》残件（编号：Ⅲ 6420，图2-7）[④]为第二支德国吐鲁番探险队在吐峪沟石窟寺"遗书室"所获。此画全以线描勾勒，流动如生，几不施晕染，从面部五官造型观察，佛陀面相圆润、自然，比例匀称，为典型的唐代造像样式与风格，具有"吴装"特征。

　　《千佛》残件（编号：Ⅲ 170，图2-8）[⑤]，同为第二支德国

---

① 丁福保编纂：《佛学大辞典》，文物出版社，1984年，第578页。
② 敦煌文书 P. 2009《西州图经》"山窟二院"条记："丁谷窟有寺一所，并有禅院一所。右在柳中县界，至北山廿五里丁谷中，西去州廿里。寺其（基）依山构，撩巘疏阶，雁塔飞空，虹梁饮汉，岩峦（峦）纷纭，丛薄阡眠，既切烟云，亦亏星月。上则危峰迢遰，下［则］清溜潺湲。实仙居之胜地，谅栖灵之秘域。见有名额，僧徒居焉。"参见［清］罗振玉等编：《敦煌石室遗书》，诵芬室刊行，1909年，叶三 a 面。
③ 香川默识编：《西域考古图谱》上卷，東京：国華社，1915年，图25。
④ Chhaya Bhattacharya–Haesner, *Central Asian Temple Banners in the Turfan Collection of the Museum für Indische Kunst, Berlin (Painted Textiles from the Northern Silk Route)*, Berlin: Dietrich Reimer, 2003, p.110, fig. 83.
⑤ Chhaya Bhattacharya–Haesner, *Central Asian Temple Banners in the Turfan Collection of the Museum für Indische Kunst, Berlin (Painted Textiles from the Northern Silk Route)*, Berlin: Dietrich Reimer, 2003, p.118, fig. 99.

图 2-6 《佛陀》,佚名,唐代,绢本设色,高 131 厘米,宽 85.6 厘米,吐峪沟石窟寺出土,日本大谷探险队发掘,韩国国立中央博物馆藏(编号:bon 4044)

左：图 2-7 《佛头》，佚名，唐至高昌回鹘时期，绢本，高 14.5 厘米，宽 8.6 厘米，吐峪沟石窟寺出土，德国柏林亚洲艺术博物馆藏（编号：Ⅲ 6420）

右：图 2-8 《千佛》，佚名，唐至高昌回鹘时期，绢本设色，高 13.5 厘米，宽 7.7 厘米，疑出自吐峪沟石窟寺，德国柏林亚洲艺术博物馆藏（编号：Ⅲ 170）

吐鲁番探险队在吐峪沟石窟寺所获。在橙红色背景上绘一身结跏趺坐于莲座上的佛像，佛有青色头光与身光，莲座下以云纹承托，亦为唐代画风。两幅残件一为白画，一为重彩，均呈现出盛唐时期多元背景下中国佛教造像丰富的样式与风格。

《双佛瑞像》幡画（编号：Ⅲ 6301，图 2-9）是第二支德国吐鲁番探险队在高昌故城 K 寺院遗址所获，麻制幡的一面绘有双佛瑞像，另一面绘一身立佛像。双佛瑞像从上至下观察：佛像可见两身佛像一前一后站立，却共用了一个头光，佛像尚可见两身佛像各自的袈裟，但至佛像足部却表现为一身佛像的双足，故而表现的或是佛陀化现的瑞像样式。

根据《大唐西域记》卷二《健驮逻·大窣堵波周近诸佛像》记：

图 2-9 《双佛瑞像》，佚名，高昌回鹘时期，麻布设色，高 52 厘米，宽 19 厘米，高昌故城 K 寺院遗址出土，德国柏林亚洲艺术博物馆藏（编号：Ⅲ 6301）

Albert von Le Coq, *Chotscho: Facsimile-Wiedergaben der Wichtigeren Funde der Ersten Königlich Preussischen Expedition nach Turfan in Ost-Turkistan*, Berlin: Reimer, 1913, Taf. 40a

> 大窣堵波石陛南面有画佛像，高一丈六尺。自胸以上，分现两身；从胸以下，合为一体。闻诸先志曰：初有贫士佣力自济，得一金钱，愿造佛像。至窣堵波所，谓画工曰："我今欲图如来妙相，有一金钱，酬工尚少，宿心忧负，迫于贫乏。"时彼画工鉴其至诚，无云价直，许为成功。复有一人，事同前迹，持一金钱，求画佛像。画工是时受二人钱，求妙丹青，共画一像。二人同日俱来礼敬，画工乃同指一像，示彼二人，而谓之曰："此是汝所作之佛像也。"二人相视，若有所怀。画工心知其疑也，谓二人曰："何思虑之久乎？凡所受物，毫厘不亏。斯言不谬，像必神变。"言声未静，像现灵异，分身交影，光相昭著。二人悦服，心信欢喜。①

该绢画中的图像表现与上文记载中一身佛像化现成两身佛像的奇迹之相一致。瑞像还可以表现为双头瑞像的形式，德国吐鲁番探险队曾在龟兹石窟发现一件木板，上绘有双头立佛

① ［唐］玄奘、辩机：《大唐西域记校注》（中外交通史籍丛刊），季羡林等校注，中华书局，2000 年，第 242 页。

图 2-10 《双头立佛》，佚名，7 世纪，木版彩画，高 25.7
厘米，宽 7.4 厘米，厚 0.5 厘米，克孜尔石窟寺出土，德
国柏林亚洲艺术博物馆藏（编号：Ⅲ 7391）

東京国立博物館ほか編：《西域美術展：ドイツ・トゥル
ファン探検隊》，東京国立博物館、朝日新聞社，1991 年，
図 42

（编号：Ⅲ 7391，图 2-10），佛像着红色袈
裟，腰部以上为两身佛像的合体，腰部以
下为一身佛的形体，共用一个头光，一侧
双手持钵，另一侧双手合十。该瑞像形式
在敦煌莫高窟第 231 窟壁画中亦有绘制，[1]
西夏黑水城遗址出土的双头佛像则为此类
瑞像的塑像遗迹（图 2-11）。可见，源自犍
陀罗的瑞像样式在西域得到了传播与发展
并广泛延传。

《立佛》残件（编号：Ⅲ 6163，图
2-12）是第二支德国吐鲁番探险队在吐峪
沟石窟寺所获。佛像的右臂与头部已残，
但仍不失一件精品。画面以白画形式所
绘[2]，仅在袈裟衣纹的凹陷处以朱膘色略施
微染，画面表现身着袒右式袈裟佛像，佛
陀左手持衣角，双腿直立，画面中以双线
组合表现衣褶，为典型的"曹衣出水"样
式，显然是源自印度笈多时期的佛像样式
在高昌传播的范例。

《誓愿画》残件（编号：Ⅲ 7564a+b，

① 张小刚：《敦煌壁画中的于阗装饰佛瑞像及其相关问
　题》，《敦煌研究》，2009 年第 2 期，第 8—15 页。
② "白画"既可指壁画创作前的"粉本"与"稿本"，
　又可指独立的一种绘画形式，以盛唐吴道子为代表，
　主要以丰富笔意、笔法与笔势的线条为主要呈现形
　式，也可加入少量晕染，形成"浅深晕成""敷粉简
　淡"之态，世称"吴装"。

图 2-11 《双头瑞像》，西夏，泥塑，高 62 厘米，黑水城遗址出土，俄罗斯圣彼得堡国立艾尔米塔什博物馆藏（编号：x-2296）

台湾历史博物馆编译小组编辑：《丝路上消失的王国——西夏黑水城的佛教艺术》，许洋主译，台湾历史博物馆，1996 年，第 105 页，图 1

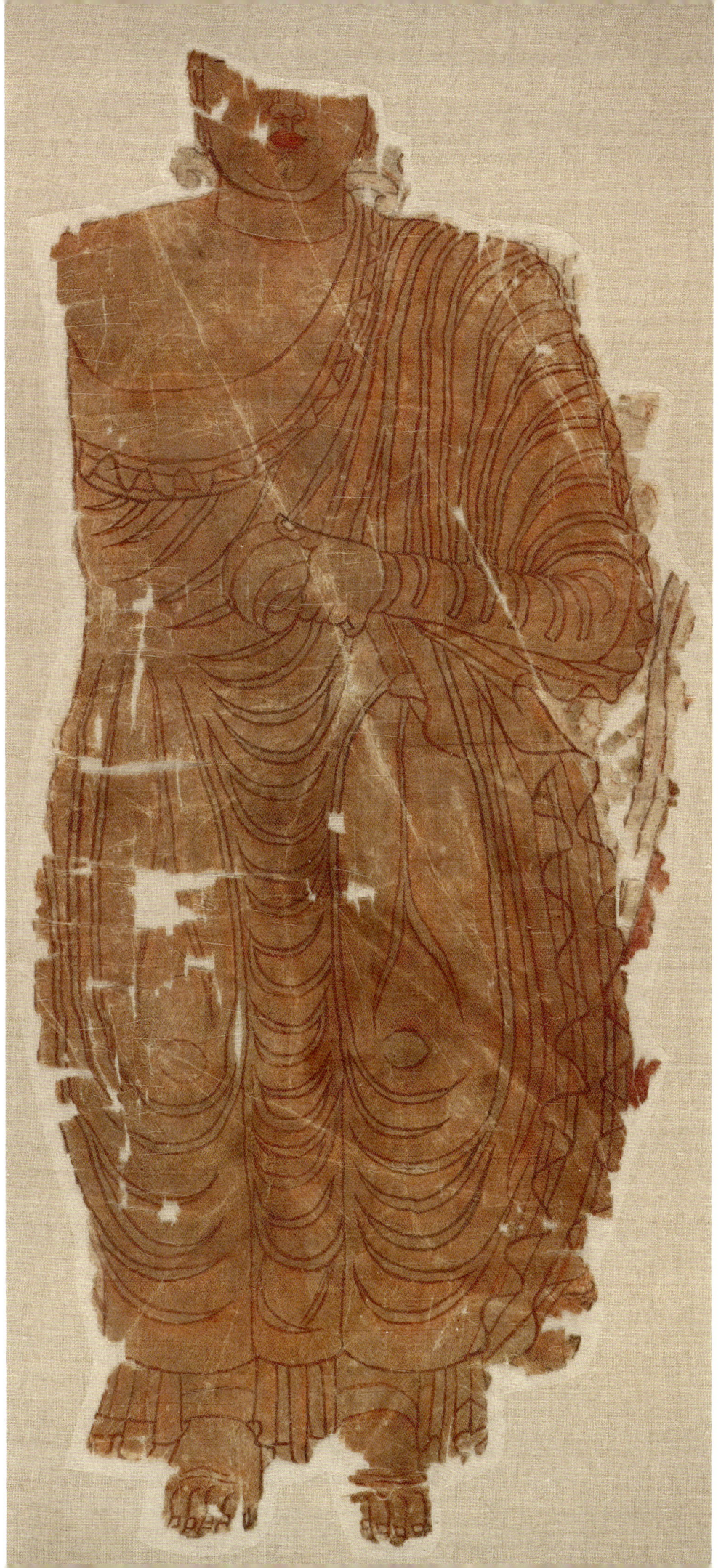

图 2-12 《立佛》，佚名，唐至高昌回鹘时期，绢本设色，高 43.3 厘米，宽 20.3 厘米，吐峪沟石窟寺出土，德国柏林亚洲艺术博物馆藏（编号：Ⅲ 6163）

Chhaya Bhattacharya-Haesner, *Central Asian Temple Banners in the Turfan Collection of the Museum für Indische Kunst, Berlin* (*Painted Textiles from the Northern Silk Route*), Berlin: Dietrich Reimer, 2003, p.107, fig. 76

图2-13）[1]为第三支德国吐鲁番探险队自吐峪沟石窟寺所获。此图绘制异常精美，在藏青色背景上以金色勾勒佛像，并施以晕染。主体绘一身佛陀，有头光、身光，其右臂伸出，手掌向上作与愿印，佛陀周围绘有两身菩萨，其余形象皆残，无法识读，从仅存的图像可见，此图为高昌回鹘王国时期甚为流行的誓愿画形式。

高昌回鹘时期，佛教石窟壁画中流行誓愿画题材。誓愿题材的壁画大部分残存于柏孜克里克石窟中心殿堂窟第15、20窟的回廊中（编号：IB 6888，图2-14）；方形窟第22、24、37、38、42、47、48、50窟的左右侧壁上；中心塔庙窟第18窟的中心柱左右侧壁以及门道左右前壁上，总共约有13座洞窟残存誓愿画。此外，在吐鲁番的高昌故城与北庭回鹘佛寺遗址亦存有大量誓愿画。

誓愿画的风格在高昌回鹘时期成熟，图式较为固定，趋于程式化。一般情况下，画面中心为身躯高大的立佛形象，佛陀的头部常绘四分之三侧面偏向愿者一侧，佛陀的手部施各种印记，双足踏于盛开的莲花之上，佛陀两侧绘天王、婆罗门、菩萨、天神与佛弟子等形象。画面下部在佛足两侧绘有供养人像，然后再结合不同的内容与情节绘相应的背景。誓愿图整幅画面之上有一带状榜题框，以梵文题写供养者身份、供养对象与供养物。显然，在高昌回鹘时期誓愿画题材已成为石窟壁画的主流题材，这是高昌回鹘佛教绘画的新发展。

图2-13 《誓愿画》，佚名，高昌回鹘时期，绢本设色，上部：高9.3厘米，宽8厘米；下部：高8.6厘米，宽8.2厘米，吐峪沟石窟寺出土，德国柏林亚洲艺术博物馆藏（编号：Ⅲ 7564a+b）

右：图2-14 《誓愿图》，佚名，高昌回鹘时期，（约）高3.25米，宽2.36米，柏孜克里克第20窟回廊，壁画，德国吐鲁番探险队揭取，已佚（编号：IB 6888）

Albert von Le Coq, *Chotscho: Facsimile-Wiedergaben der Wichtigeren Funde der Ersten Königlich Preussischen Expedition nach Turfan in Ost-Turkistan*, Berlin: Reimer, 1913, Taf. 21

① Chhaya Bhattacharya-Haesner, *Central Asian Temple Banners in the Turfan Collection of the Museum für Indische Kunst, Berlin（Painted Textiles from the Northern Silk Route）*, Berlin: Dietrich Reimer, 2003, p.105, fig. 74.

第
二
节

❀

菩
萨

菩萨为菩提萨埵（Bodhisattva）的简称，又称菩提索埵，旧译为大道心众生，新译为大觉有情。谓是求道之大心人，故曰道心众生，求道求大觉之人。萨埵者勇猛之义，以勇猛求菩提，故名菩提萨埵[①]。高昌出土的绢帛佛画残件题材主要涉及：单尊菩萨像幡画、双观音幡画、观音曼陀罗幡画、水月观音、十一面观音、千手千眼观音等题材。这些绢帛佛画原初是功德主出资请画师绘制，然后供奉在寺院举行仪式，以此祈求菩萨的护佑，或将功德回向给祈愿之人，希冀能够摆脱现世之苦难，往生净土。

《菩萨头像》与《持蜡烛菩萨》两幅菩萨头像无论是其保存情况抑或是绘制水平，无疑均是高昌绢帛佛画残件中的精品。《菩萨头像》（编号：Ⅲ 6166，图 2-15）是第二支德国吐鲁番探险队自高昌故城 V' 寺院遗址所获。此菩萨头戴金制宝冠，冠上饰有宝石与花朵，冠上部宝石周围有火焰状纹饰，菩萨耳饰华丽，衣着服饰异常精美，填朱砂与朱膘二色，身着云头披肩、佩戴项链。菩萨面部以细线勾勒，面部造型整体偏瘦削，表情较为僵硬，体现出回鹘艺术的特点。《持蜡烛菩萨》（编号：Ⅲ 4794，图 2-16）是第一支德国吐鲁番探险队自高昌搜集而得，菩萨取四分之三侧面、面朝右侧，紧贴头部轮廓以三青色于头光中分染强调面部。菩萨头部戴冠，发髻高梳，垂红色发带，头饰上插有两朵迎风飘逸的荷花，瓣尖略施绯红，显得轻盈飘逸；挽梳的头发以两种形式绘制，额头上的头发分

---

① 丁福保编纂：《佛学大辞典》，文物出版社，1984 年，第 1060 页。

图 2-15 《菩萨头像》，佚名，高昌回鹘时期，绢本设色，高 34.5 厘米，宽 27.5 厘米，高昌故城 V' 寺院遗址出土，德国柏林亚洲艺术博物馆藏（编号：Ⅲ 6166）

Albert von Le Coq, *Chotscho: Facsimile-Wiedergaben der Wichtigeren Funde der Ersten Königlich Preussischen Expedition nach Turfan in Ost-Turkistan*, Berlin: Reimer, 1913, Taf. 43b

左：图 2-16 《持蜡烛菩萨》，佚名，高昌回鹘时期，绢本设色，高昌出土，高 15.6 厘米，宽 9.5 厘米，德国柏林亚洲艺术博物馆藏（编号：Ⅲ 4794）

Chhaya Bhattacharya-Haesner, *Central Asian Temple Banners in the Turfan Collection of the Museum für Indische Kunst, Berlin (Painted Textiles from the Northern Silk Route)*, Berlin: Dietrich Reimer, 2003, p.260, fig. 291

右：图 2-17 《菩萨正面像》，佚名，唐至高昌回鹘时期，绢本设色，高昌出土，高 13 厘米，宽 10.3 厘米，德国柏林亚洲艺术博物馆藏（编号：Ⅲ 609）

图 2-18 《十一面观音》，佚名，唐至高昌回鹘时期，绢本设色，高 17 厘米，宽 15.7 厘米，交河故城出土，德国柏林亚洲艺术博物馆藏（编号：Ⅲ 8001）

组勾出外轮廓然后烘染，鬓角的头发则以细线勾勒，形质俱佳。菩萨右肩着红衣，前面绘有烛台与蜡烛，知其为持烛火的供养菩萨。菩萨面部丰腴，以细劲且空灵的线条勾取造像，略施微染，皮肤在淡墨线条上以朱膘色线勾勒。菩萨眼睑低垂，慈祥悲悯的神态表现得异常充分。两幅绢画作品呈现的汉地风格尤为突出，显然承袭了唐代道释人物的绘画风尚。

图 2-17 为《菩萨正面像》（编号：Ⅲ 609）[1]，是第三支德国吐鲁番探险队自高昌所获，整体画法与上述两幅菩萨像迥异。从残件中可知，该菩萨头饰与耳饰施以金色，头发填染墨色，眉毛粗重，整体面部以低染法沿面部轮廓、眼窝、鼻翼两侧烘染，晕染痕迹较重，显然是施用了西域流行的"凹凸法"。

高昌出土的十一面观音与千手千眼观音绢画可视为当地流行密教观音信仰的图像表现。《十一面观音》（编号：Ⅲ 8001，图 2-18）[2]为第二支德国吐鲁番探险队在交河故城所获，该菩萨像残存头至胸部，菩萨头面自上而下呈一、二、五面，共三面排列。主面为男相，其余头面为女

① Chhaya Bhattacharya-Haesner, *Central Asian Temple Banners in the Turfan Collection of the Museum für Indische Kunst, Berlin* (*Painted Textiles from the Northern Silk Route*), Berlin: Dietrich Reimer, 2003, p.185, fig. 188.
② Albert von Le Coq, *Chotscho: Facsimile-Wiedergaben der wichtigeren Funde dèr Ersten Königlich Preussischen Expedition nach Turfan in Ost-Turkistan*, Berlin: Reimer, 1913, Taf. 45c.

图 2-19 《十一面观音》,佚名,高昌回鹘时期,绢本设色,高 5.5 厘米,宽 8.8 厘米,高昌出土,德国柏林亚洲艺术博物馆藏(编号:Ⅲ 4749)

相,主面有髻,耳佩环饰。菩萨左手作说法印,右手残缺。菩萨面部先以淡墨勾勒再以赭色低染法绘制,最后以赭色复勾,与另一件《十一面观音》(编号:Ⅲ 4749,图 2-19)[1] 相比,该菩萨鼻梁两侧勾线,勾线的质量稍弱,似为民间画工所制。图 2-18 中的菩萨十一头面与图 2-19 菩萨十一头面排列相似,均为横式[2],绘制水平较为粗糙。

千手千眼观音经典最早于初唐传入中国,现存经本主要有唐智通译《千眼千臂观世音菩萨陀罗尼神咒经》与菩提流志译《千手千眼观世音菩萨姥陀罗尼身经》等。据画史记载,初唐于阗国画家尉迟乙僧曾于长安慈恩寺塔前作千手千眼观音,并称名于世。[3] 唐总持寺三藏沙门智通译《千眼千臂观世音菩萨陀罗尼神咒经》记载了千手千眼观音的具体画法:

次说画像法。谨案梵本。造像皆用白氎。广十肘此土一丈六尺。长二十肘此土三丈二尺。菩萨身作檀金色。面有三眼一千臂。一一掌中各有一眼。彩色中不得着胶。以香乳和彩色。菩萨头着七宝天冠身垂璎珞。又一本云。此土无好白迭大者。但取一幅白绢。菩萨身长五尺作两臂。依前第五千臂印法亦得供养。不要千眼千臂。此法亦依梵本。唯菩萨额上更安一眼即得。若欲供养此法门者。先须画像。其画像法必须作曼荼罗如法。[4]

① Chhaya Bhattacharya-Haesner, *Central Asian Temple Banners in the Turfan Collection of the Museum für Indische Kunst, Berlin (Painted Textiles from the Northern Silk Route)*, Berlin: Dietrich Reimer, 2003, p.219, fig. 242.
② "所谓横式,指的是下排的主面与身体呈正常比例,并且与旁边或上面的小面尺寸相差较大,诸小面如花蕾般排列于主面之上或其侧,如同菩萨的花冠饰物,使造像看起来不失却原有比例,没有怪异之感。通过排比,可见横向排列的十一面观音像最早出现在汉地,时代大约在 5—8 世纪……"参见李翎:《十一面观音像式研究——以汉藏造像对比研究为中心》,载李翎:《佛教与图像论稿》,文物出版社,2011 年,第 8 页。
③ [唐]朱景玄《唐朝名画录》:"乙僧于慈恩寺塔前功德,又凹凸花面中间千手千眼大悲,精妙之状,不可名焉。"参见潘运告主编:《唐五代画论》,湖南美术出版社,1997 年,第 87 页。
④ [唐]智通译:《千眼千臂观世音菩萨陀罗尼神咒经》卷上,《大正新修大藏经》第 20 册,第 87 页。

图 2-20 《千手千眼观音》，佚名，高昌回鹘时期，绢本设色，高 27.5 厘米，宽 38.5 厘米，木头沟出土，德国柏林亚洲艺术博物馆藏（编号：Ⅲ 6355）

Chhaya Bhattacharya-Haesner, *Central Asian Temple Banners in the Turfan Collection of the Museum für Indische Kunst, Berlin (Painted Textiles from the Northern Silk Route)*, Berlin: Dietrich Reimer, 2003, p.59, fig. 247

此种一面千手观音的样式在高昌绢帛佛画残件中均有发现。在第一章中已经介绍了高昌目前保存的唯一一铺完整的《千手千眼观音》绢画（图 1-3），在此将数件千手千眼观音绢帛佛画残件呈现。

图 2-20 是第二支德国吐鲁番探险队在木头沟的收集品（编号：Ⅲ 6355），画面中红色身光背景下残存 20 余只手，有的手中持法器，在每只手掌大鱼际处绘眼睛。身光外侧存有回鹘女性供养人、天王与夜叉等神祇。诸神的头冠与菩萨手镯均为贴金彩绘，画面虽为残件但可见其绘制得异常精致，或原为回鹘贵族出资绘制的高规格经幡绘画。

《千手千眼观音粉本》为第二支德国吐鲁番探险队在高昌故城 K 寺院遗址"藏书室"旁的回廊[①]所获（编号：Ⅲ 6318，

① 关于 K 寺院遗址布局的探讨参见 Caren Dreyer, *Tracing the Architecture of Another Great Monastery: Ruin K*. Lilla Russell and Ines Konczak-Nagel edited, *The Ruins of Kocho. Traces of Wooden Architecture on the Ancient Silk Road*, Berlin: Museum für Asiatische Kunst Staatliche Museen zu Berlin, 2016, pp. 89–102。

图2-21）[1]。此本为纸质，残纸上绘出千手观音的轮廓线，针孔沿轮廓线排列，以便用于壁画或绢帛绘画底稿的制作，可见自唐与回鹘时期千手千眼观音图像在高昌的流行，并通过尉迟乙僧事迹的记载想见西域与内地的图本交流。

"水月观音"图像根据画史记载为中唐画家周昉所创。《历代名画记》卷十记："初效张萱画，后则小异；颇极风姿。……衣裳劲简，色彩柔丽。菩萨端严，妙创水月之体。"[2]周昉的绘事活动主要在公元8世纪后半叶，是中国绘画史上著名的仕女画家，亦着力于宗教绘画[3]。《历代名画记》记述，周昉创造的"水月观音"之体成为广为流传的佛画样式，成为与"张家样、曹家样、吴家样"并列的"周家样"。"周家样"代表了中原本土化的佛教造像样式，成为历代画工遵循的典范，"水月之体"自周昉开始一直持续流传。从高昌出土的绢帛佛画残件中可以观察高昌回鹘时期该图样的演变。

《水月观音》是第二支德国吐鲁番探险队在高昌故城K寺院遗址所获（编号：Ⅲ 6833，图2-22），其上部三角形幡头已失，仅存下部主体部分，幡画虽褪色严重，但经过仔细观

图2-21 《千手千眼观音粉本》，佚名，高昌回鹘时期，纸本墨笔，高20厘米，宽11.5厘米，高昌故城K寺院遗址出土，德国柏林亚洲艺术博物馆藏（编号：Ⅲ 6318）

① Albert von Le Coq, *Chotscho: Facsimile-Wiedergaben der Wichtigeren Funde der Ersten Königlich Preussischen Expedition nach Turfan in Ost-Turkistan*, Berlin: Reimer, 1913, Taf. 45e.
② [唐] 张彦远：《历代名画记》，俞剑华注释，上海人民美术出版社，1964年，第204页。
③ [唐] 朱景玄：《唐朝名画录》记："时属德宗修章敬寺，召皓云：'卿弟昉善画，朕欲宣画章敬寺神，卿特言之。'经数月果召之，昉乃下手。落笔之际，都人竞观，寺抵园门，贤愚毕至。或有言其妙者，或有指其瑕者，随意改定。经月有余，是非语绝，无不叹其精妙为当时第一。……今上都有画水月观自在菩萨，时人又云大云寺佛殿前行道僧，广福寺佛殿前面两神，皆殊绝当代。昉任宣州别驾，于禅定寺画北方天王，尝于梦中见其形像。"参见何志明、潘运告编著：《唐五代画论》，湖南美术出版社，1997年，第85—86页。

图2-22 《水月观音》，佚名，高昌回鹘时期，绢本设色，高102厘米，宽51厘米，高昌故城 K 寺院遗址出土，德国柏林亚洲艺术博物馆藏（编号：Ⅲ 6833）

Chhaya Bhattacharya-Haesner, *Central Asian Temple Banners in the Turfan Collection of the Museum für Indische Kunst, Berlin (Painted Textiles from the Northern Silk Route)*, Berlin: Dietrich Reimer, 2003, p.195, fig. 198

察，亦能品读出高昌回鹘时期"水月观音"图像的精美。此图上方中间部位绘有圆光，其内填朱色。圆光内观世音菩萨头戴宝珠花冠，曲发披肩。菩萨面型丰腴，仰面向右上方而望，神态怡然自得。菩萨呈游戏坐姿，身体稍向后倾，右臂搭于右腿之上，手自然下垂。菩萨身体右侧摆放净瓶与柳枝。红色圆光之外填涂石青色作为背景，圆光外侧右部绘有三身供养菩萨，其下方有三身比丘，两两相觑，再下一排绘五身比丘。画面最下方正中为回鹘文题记，题记两侧各有三身回鹘供养人，有呈跪姿的女性与儿童等。

该件《水月观音》绢画与敦煌莫高窟藏经洞《水月观音》绘画（编号：S. P. 15. Ch.i. 009，图2-23）相比，在整体图式上无异，均为主体绘制圆光，圆光内绘游戏坐姿菩萨，下为供养人。但仔细观之，此幅圆光内菩萨的造型与汉地几乎相同，而圆光之外满绘菩萨与供养比丘，占据了水月之空间，而且造型上体现出明显的回鹘人物造型特点。可见源自周昉的"水月观音"图本在回鹘画师手中的改造与演变。

左：图 2-23 《水月观音》，佚名，五代，纸本设色，高 82.9 厘米，宽 29.6 厘米，出自敦煌莫高窟藏经洞，英国伦敦不列颠博物馆藏（编号：S. P. 15. Ch. i. 009）

林树中主编：《海外遗真·中国佛教绘画》，湖南美术出版社，2001年，第 61 页，图 40

右：图 2-23-1 《水月观音》（局部）

第
三
节

天
王

　　佛教将古印度婆罗门教与民间宗教信仰中的诸神纳入自身体系，逐渐演变成护持佛法的诸神角色，在佛经中常出现佛陀教化外道神祇且使其成为护法眷属的记载。佛教世界中的须弥山上有二十八诸天，位于诸天中的诸神总称为"天"，主要包括：梵天（Mahā-brahmā）、帝释天（Indra）、四天王（Lokapāla）、密迹金刚（Gunyapāda）、大自在天（Mahā-śvara）、散脂大将（Sañjaya）、辩才天（Sarasvatī）、功德天（Laksmī）、大黑天（Mahākāla）、欢喜天（Cahesa）、地天（Pṛthivī）、鬼子母（Hāritī）、魔利支天（Marīci）等；成体系的诸神主要有：十二天①、十二神王②、八部众③、二十天④与二十八部众⑤等。天部诸神的尊格低于佛陀与菩萨，在绢帛佛画中常以单尊或佛说法图中的重要神祇出现。

　　天部中的四天王居于欲界六欲天中的第一重天，即四天王

① 十二天，即帝释天、火天、焰摩天、罗刹天、水天、风天、毗沙门天、伊舍那天、梵天、地天、日天、月天。
② 《药师经》中记述十二神王是护持药师佛行菩萨道时发十二大愿的药叉神，即宫毗罗大将（Kumbhira）、伐折罗大将（Vajra）、迷企罗大将（Mihira）、安底罗大将（Andira）、頞你罗大将（Majira）、珊底罗大将（Sandira）、因达罗大将（Indra）、波夷罗大将（Pajra）、摩虎罗大将（Makura）、真达罗大将（Sindura）、招杜罗大将（Catura）和毗羯罗大将（Vikarala）。
③ 八部众即为守护佛法的八部神祇，一般包括：天（Deva）、龙（Nāga）、夜叉（Yakṣa）、乾达婆（Gandharva）、阿修罗（Asura）、迦楼罗（Garuḍa）、紧那罗（Kinnara）和摩睺罗伽（Mahoraga）。
④ 二十天，即大梵天王（Mahābrahman）、帝释尊天（Śakra devānām Indra）、多闻天王（Vaiśravana）、持国天王（Dhṛtarāṣṭra）、增长天王（Virūḍhaka）、广目天王（Virūpākṣa）、金刚密迹（Gunyapati）、摩醯首罗（Maheśvara）、散脂夜叉（Pañcika）、大辩才天（Sarasvatī）、大功德天（Lakṣmī）、韦驮天神（Skanda）、坚牢地神（Pṛthivī）、菩提树神（Bodhidruma）、鬼子母神（Hāritī）、摩利支天（Marīci）、日宫天子（Sūrya）、月宫天子（Candra）、娑竭龙王（Sāgara）和阎摩罗王（Yama-rāja）。
⑤ 二十八部众是梵天、帝释天、大仙众、孔雀王、四天王与夜叉鬼神众等二十八诸神的总称。

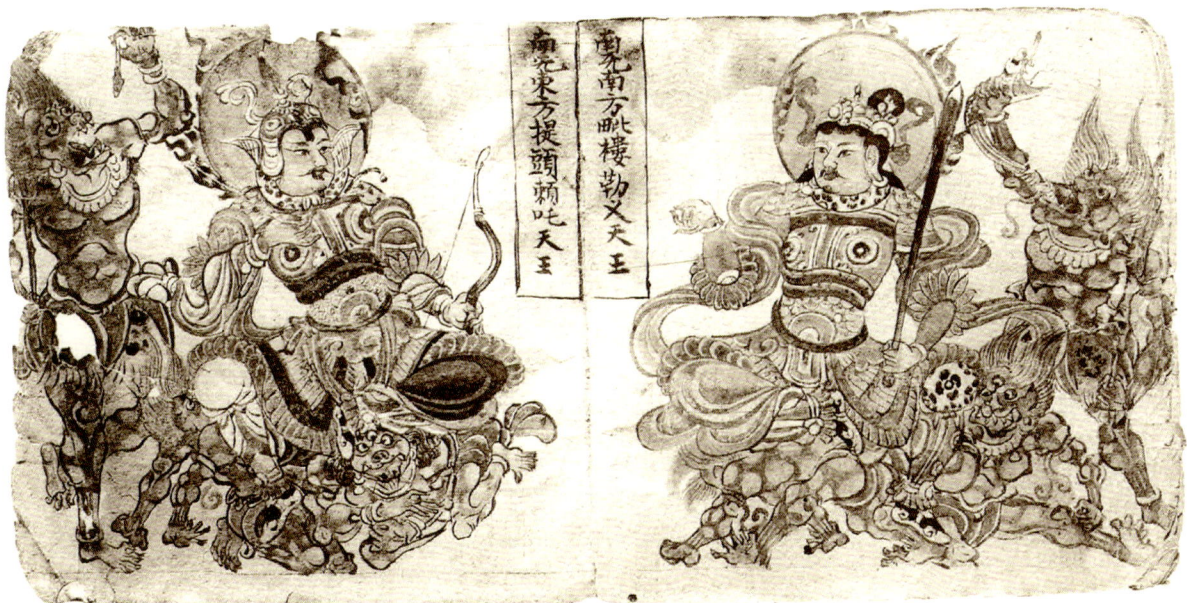

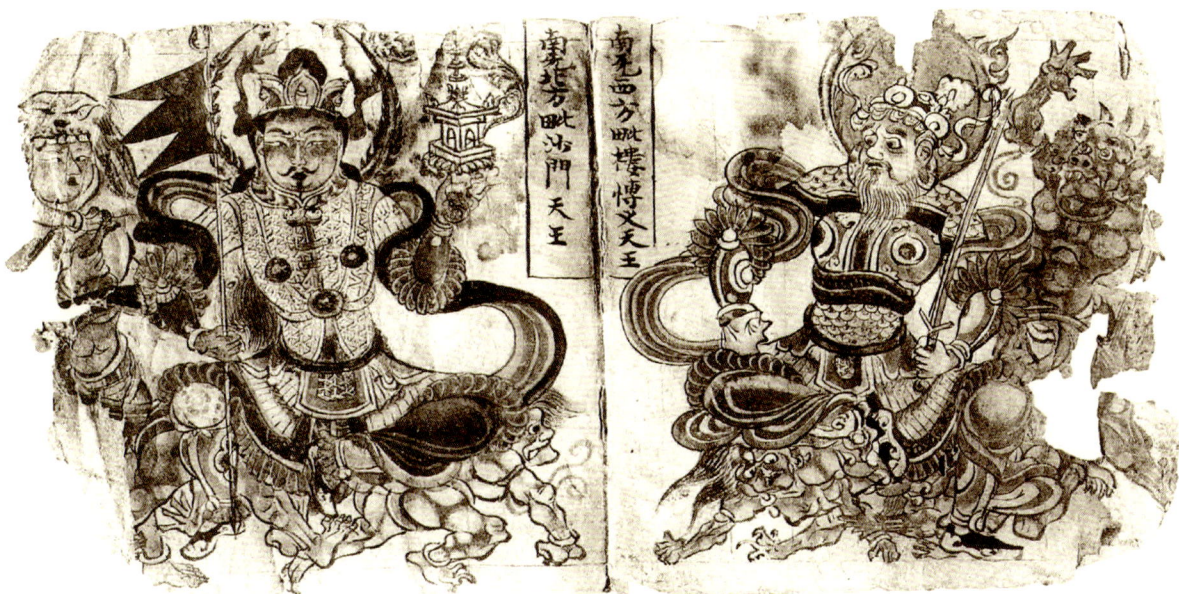

天(Caturmaharājākāyika)[1],护持须弥山下的四方四州[2],后发展为教坛四方的守护神,代表对佛、法、僧"三宝"的护持,其形象常绘于幡画中。中国的天王像随着经本的传译与图像的演变,至隋唐之际逐渐定型:一类是常见的将军装四天王像,足下各踏夜叉[3],手印、持物及眷属各异。敦煌藏经洞编号 S. P. 431 Ch.xviii.

---

[1] 四天王位于须弥山山腰的犍陀罗山的西山峰之上。

[2] 四州,即胜身州、瞻部州、牛货州与俱卢州。

[3] 毗沙门天王脚下踏鬼应是伪经出现以后的事,参见[日]松本文三郎:《兜跋毗沙门天考》,金申译,《敦煌研究》,2003 年第 5 期,第 38 页。

002 写本中的纸画与榜题鲜明的呈现出 9 世纪四天王的图像学特征（图 2-24）。另一种特例为毗沙门天王未着甲胄的样式（库藏神），由吐蕃人所创。①

经本中对四天王形象的描述略有不同。如《陀罗尼集经》卷十一"四天王像法"记其形象特征：

> 提头赖咤天王像法。其像身长量一肘作，身着种种天衣，严饰极令精妙，与身相称。左手伸臂垂下把刀，右手屈臂，向前仰手，掌中着宝，宝上出光。
>
> 毗噜陀迦天王像法。其像大小衣服准前。左手亦同前天王法，伸臂把刀，右手执稍，稍根着地。
>
> 毗噜博叉天王像法。其像大小衣服准前。左手同前，唯执稍异，其右手中而把赤索。
>
> 毗沙门天王像法。其像大小衣服准前。左手同前，执稍挂地，右手屈肘擎于佛塔。②

另《金刚顶瑜伽护摩仪轨》中记"毗沙门作棒"③ 等。

根据诸经典的记述与图像遗存，四天王的图像学特征请见下表（表 2-1）：

德国吐鲁番探险队曾在高昌诸遗址中发掘出若干天王幡、天王头像与夜叉绢画残件，年代约自晚唐至高昌回鹘时期。残件绘制精美，形象传神，是讨论此时期佛教图像嬗变的珍贵资料。

第三支德国吐鲁番探险队自吐峪沟"遗书室"所获天王幡（Ⅲ 7305，图 2-25），双面所绘人物均作将军装，头戴宝冠，身披唐代"明光甲"④，有圆形头光，膝盖之下残损。图 2-25 左侧天王头冠中央绘有蟒蛇，他左手持宝珠，上绘宝光，右手叉腰，帕特卡娅 – 哈斯奈尔根据该像头冠中的蛇与持宝珠的图像特征定为西方广目天王（Virūpākṣa）⑤，笔者认为头冠中的蛇或有着西方广目天王率领诸龙族的含义⑥。

---

① 谢继胜：《榆林窟 15 窟天王像与吐蕃天王图像演变分析》，《装饰》，2008 年第 6 期，第 54—59 页。
② ［唐］阿地瞿多译：《陀罗尼集经》，《大正新修大藏经》第 18 册，第 879 页。
③ ［唐］不空译：《金刚顶瑜伽护摩仪轨》，《大正新修大藏经》第 18 册，第 917 页。
④ "南北朝时期对两当甲加以改进，将胸部小甲片变为整片且发光，称为'明光甲'，唐代多用此甲。"参见孙机：《中国古代物质文化》，中华书局，2014 年，第 386 页。
⑤ Chhaya Bhattacharya-Haesner, *Central Asian Temple Banners in the Turfan Collection of the Museum für Indische Kunst, Berlin (Painted Textiles from the Northern Silk Route)*, Berlin: Dietrich Reimer, 2003, p. 298.
⑥ ［宋］法天：《佛说毗沙门天王经》："西方世界有大龙主名尾噜博叉。有大威德光明远照。统领眷属诸大龙众恭敬围绕。歌舞作唱而受快乐。……彼大龙主守护西方。如佛行行如是护世。是故我今稽首归命正遍知明行足无上寂静。"参见《大正新修大藏经》第 21 册，第 217 页。

表2-1　唐宋间四天王的图像学特征简表①

方位	天王名	梵文	音译	图像学特征
东方	持国天王	Dhrtarāṣṭra	提头咤天	头戴宝冠、身披盔甲、圆形头光
				左手：持弓、刀、稍
				右手：仰掌；叉腰；持箭、刀、棒
				双手：琵琶
				足踏夜叉鬼
				眷属：乾闼婆、毗舍阇等
南方	增长天王	Virūḍhaka	毗楼勒叉天	头戴宝冠、身披甲胄、圆形头光
				左手：叉腰；持棒、刀、弓
				右手：仰掌；持稍、剑、箭
				足踏夜叉鬼
				眷属：及鸠槃茶、芘荔神等
西方	广目天王	Virūpākṣa	毗楼博叉天	头戴宝冠、身披盔甲、圆形头光
				左手：叉腰；持剑、稍、卷
				右手：叉腰；持羂索、笔、剑
				足踏夜叉鬼
				眷属：龙族、富单那等
北方	多闻天王	Vaiśravaṇa	毗沙门天	头戴宝冠、身披甲胄、圆形头光、鸟羽状或火焰状焰肩纹（或兼而有之）；头戴宝冠，发披两肩、长方形头光、不着甲胄、赤裸上身，身饰璎珞臂钏
				左手：托塔；持稍、戟、貂鼠
				右手：托塔；持戟、金刚杵、棒、剑、七宝盖
				足踏地天、夜叉鬼、岩地
				眷属：妻功德天，子那吒、独健、夜叉、罗刹等

① 本表归纳四天王的图像学特征是根据唐代经本所记以及唐宋间于阗、敦煌与高昌所出天王像所得。

上：图 2-25　天王幡，佚名，晚唐至高昌回鹘时期，麻本设色，高 47 厘米，宽 28 厘米，吐峪沟"遗书室"出土，德国柏林亚洲艺术博物馆藏（编号：Ⅲ 7305）

東京国立博物館ほか編：《西域美術展：ドイツ・トゥルファン探検隊》，朝日新聞社，1991 年，第 211 頁，図 153

下：图 2-26　天王像，高昌回鹘时期，柏孜克里克第 20 窟回廊北壁，壁画，德国吐鲁番探险队揭取，已佚（编号：IB 6878）

Albert von Le Coq, *Chotscho: Facsimile-Wiedergaben der Wichtigeren Funde der Ersten Königlich Preussischen Expedition nach Turfan in Ost-Turkistan*, Berlin: Reimer, 1913, Taf. 33

图 2-27 天王像残件，佚名，晚唐至高昌回鹘时期，麻本设色，高 14.3 厘米，宽 12.3 厘米，高昌故城 α 寺院遗址出土，德国柏林亚洲艺术博物馆藏（编号：Ⅲ 163）

東京国立博物館ほか編：《西域美術展：ドイツ・トゥルファン探検隊》，朝日新聞社，1991年，第 161 页，图 107

图 2-25 右侧天王左手持弓，右手持箭，根据表 2-1 图像特征可初步定名为东方持国天王或南方增长天王[①]。由此可知，编号为Ⅲ 7305 的天王幡是双面各绘东方持国天王与西方广目天王或南方增长天王与西方广目天王的幡画。

天王像残件（编号：Ⅲ 163，图 2-27）是第一支德国吐鲁番探险队自高昌故城发掘所得，画面为一身正面天王像，双目圆睁怒视，画工对天王怒相的神态刻画极为准确，应为画工中的高手所制。从仅存的图像信息所见，此天王右手持剑，故而其尊格可判断为南方增长天王或西方广目天王。

四天王中最为流行的是北方多闻天王。该天王在佛经中曾作为不同角色出现。如魏晋时期

---

① 如敦煌莫高窟第 100 窟窟顶东南角五代时期所绘南方增长天王持弓箭。

经典中毗沙门天王是掌管护法诸夜叉的神祇①，至唐玄宗时期又因毗沙门天王现于安西城北之门楼，解了吐蕃、大食与康国之围，遂演变为重要的护国神祇。自此，城楼多造有毗沙门天王像以祈求护佑之愿②。此外，在寺院与经幡之上亦多塑绘其像。关于于阗与敦煌毗沙门天王图像的讨论，学界已积淀了丰厚的学术成果。③一般认为，毗沙门天王自犍陀罗先以贵霜贵族的形象出现，经于阗人改造后以将军装形象传入汉地，图像特征渐成定式④。

经于阗人改造后的毗沙门天王图像特征多为天王头戴宝冠，身着甲胄（常见过膝连身甲），配长刀，背现焰肩，一手托塔，一手持戟或宝棒或长矟，立于岩座或以地天（亦名坚牢地神）与二夜叉鬼（名尼蓝婆和毗蓝婆⑤）承足，是四天王中图像学特征相对分明的一类图像。高昌遗存的幡画中便有若干毗沙门天王像。

德国第一支吐鲁番探险队曾在高昌故城 λ 寺院遗址发掘出一件高昌回鹘时期双面幡（编号：Ⅲ 5015⑥），幡的两面均绘左手托塔、右手持戟的天王，像有圆形头光，无焰肩纹，面部取平和相，图像特征与毗沙门天王相合。

---

① ［东晋］佛陀跋陀罗译：《大方广佛华严经》卷二《世间净眼品第一之二》："复有毗沙门夜叉王，于平等观方便、离一切恶、饶益众生法门而得自在……尔时，毗沙门夜叉王承佛神力，遍观夜叉。"参见《大正新修大藏经》第 9 册，第 403 页。另［后秦］佛陀耶舍、竺佛念译：《长阿含经》卷十二《佛说长阿含第二分大会经第十五》："北方天王名毗沙门，领诸悦叉鬼，有大威德，有九十一子，亦字因陀罗，有大神力。"参见《大正新修大藏经》第 1 册，第 79 页。

② ［唐］不空译：《毗沙门仪轨》："北方大毗沙门天王。唐天宝元载壬午岁，大石康五国围安西城其年二月十一日有表请兵救援。圣人告一行禅师曰：'和尚安西被大石康□□□□□国围城，有表请兵，安西去京一万二千里，兵程八个月然到其安西，即无朕之所有。'一行曰：'陛下何不请北方毗沙门天王神兵应接？'圣人云：'朕如何请得？'一行曰：'唤取胡僧大广智即请得。'有敕唤得大广智到内云：'圣人所唤臣僧者，岂不缘安西城被五国贼围城？'圣人云：'是。'大广智：'陛下执香炉入道场，与陛下请北方天王神兵救。'急入道场请，真言未二七遍，圣人忽见有神人二三百人，带甲于道场前立。圣人问僧曰：'此是何人？'大广智曰：'此是北方毗沙门天王第二子独健，领天兵救援安西故来辞。'圣人设食发遣。至其年四月日。安西表到云：'去二月十一日已后午前，去城东北三十里，有云雾斗闇，雾中有人，身长一丈，约三五百人，尽着金甲，至酉后鼓角大鸣，声霆三百里，地动山崩。停住三日，五国大惧尽退军。抽兵诸营坠中，并是金鼠咬弓弩弦，及器械损断尽不堪用。有老弱去不得者，臣所管兵欲损之。空中云放去不须杀，寻声反顾城北门楼上有大光明，毗沙门天王见身于楼上。其天王神样，谨随表进上者。'中华天宝十四载，于内供养僧大悲处，写得经及像，至大历五年，于集洌见内供养，僧良贲法师移住集洌开元寺，勘经像与大悲本同。"参见《大正新修大藏经》第 21 册，第 228 页。

③ 松本荣一：《敦煌画の研究》，東方文化學院東京研究所，1937 年，第 417—472 页。［日］松本文三郎：《兜跋毗沙门天考》，金申译，《敦煌研究》，2003 年第 5 期，第 36—43 页。J. Williams, "The Iconography of Khotanese Painting", *East and West*, new series, vol. XXIII, 1973, pp. 132-135. 李淞：《略论中国早期天王图像及其西方来源——天王图像研究之二》，载郑炳林、花平宁主编：《麦积山石窟艺术文化论文集》，兰州大学出版社，2004 年，第 490—528 页。E. Forte, "On a Wall Painting from Toplukdong Site no. 1 in Domoko: New Evidence of Vaiśravaṇa in Khotan?", Klimburg-Salter, D. and L. Lojda(eds.), *Changing Forms and Cultural Identity: Religious and Secular Iconographies. Papers from the 20th conference of the European Association for South Asian Archaeology and Art held in Vienna from 4th to 9th of July 2010, Vol. 1, South Asian Archaeology and Art*, Turnhout: Brepols, 2014, pp. 215-224. 荣新江、朱丽双：《图文互证——于阗八大守护神新探》，载樊锦诗、荣新江、林世田主编：《敦煌文献・考古・艺术综合研究——纪念向达先生诞辰 110 年国际学术研讨会论文集》，中华书局，2011 年，第 190—218 页。陈粟裕：《从于阗到敦煌——以唐宋时期图像的东传为中心》，方志出版社，2014 年，第 47—65 页。霍巍：《从于阗到益州：唐宋时期毗沙门天王图像的流变》，《中国藏学》，2016 年第 1 期，第 24—43 页。

④ 陈粟裕：《从于阗到敦煌——以唐宋时期图像的东传为中心》，方志出版社，2014 年，第 47—65 页。

⑤ ［唐］般若斫羯啰译：《摩诃吠室啰末那野提婆喝啰阇陀罗尼仪轨》："画天王，身着七宝金刚庄严甲胄。其左手执三叉戟，右手托腰（又一本左手捧塔），其脚下踏三夜叉鬼，中央名地天亦名欢喜天，左边名尼蓝婆，右边名毗蓝婆。其天王面作可畏，猛形怒眼满开。其右边画五太子及两部夜叉罗刹眷属，左边画五行道天女及妻等眷属。"参见《大正新修大藏经》，第 21 册，第 219 页。

⑥ 图见 Chhaya Bhattacharya-Haesner, *Central Asian Temple Banners in the Turfan Collection of the Museum für Indische Kunst, Berlin (Painted Textiles from the Northern Silk Route)*, Berlin: Dietrich Reimer, 2003, p.86, fig. 364.

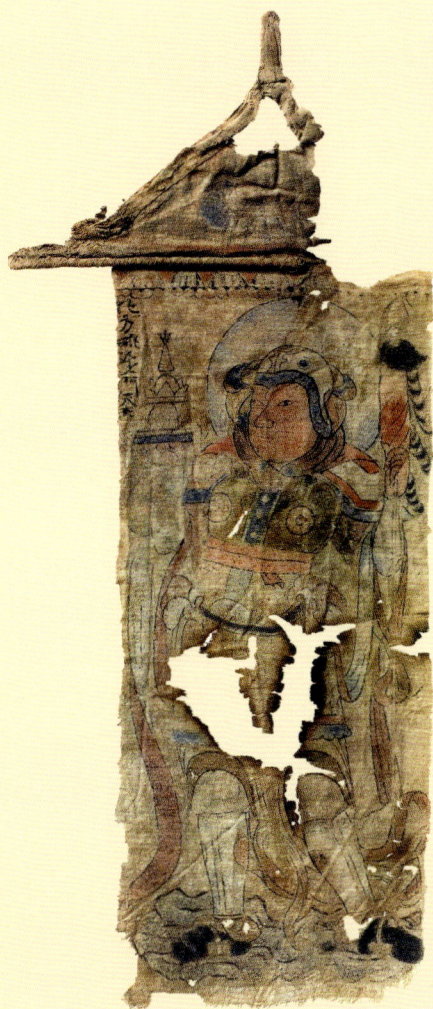

图 2-28 天王幡，佚名，唐至高昌回鹘时期，麻本设色，高 59 厘米，宽 20 厘米，交河故城遗址出土，已佚（编号：IB 6309）

Albert von Le Coq, *Chotscho: Facsimile-Wiedergaben der Wichtigeren Funde der Ersten Königlich Preussischen Expedition nach Turfan in Ost-Turkistan*, Berlin: Reimer, 1913, Taf. 42b

第二支德国吐鲁番探险队曾在交河故城发掘出一件天王幡（IB 6309，图 2-28），因幡中题有清晰的汉文榜题"北方毗沙门天王"，故该像的尊格极为明确，可作为典型图像比对高昌所出其他天王像。

图 2-28 中的毗沙门天王取武将的平和之相，红面，将军装，身披唐式"明光甲"，头后有圆形头光，无焰肩纹，左手持长柄幡旗，右手托宝塔，双足立于岩座之上。

有意味的是，该天王左手所持非唐代以来毗沙门图像中常见的三叉戟，而是长柄幡旗。此画整体绘制稍显粗略，而在高昌回鹘时期柏孜克里克第 20 窟回廊北壁壁画中绘有更为清晰的长柄幡旗图像（编号：IB 6878）。自宋代以来，毗沙门天王的持物由三叉戟逐步演变为虎叉与幢[①]，终至以宝伞取代[②]，由此可知该幡的年代应为晚唐至高昌回鹘时期所制。而该天王的画风却非回鹘时期以密集线条排列、晕染的形式表现，人物造型亦无回鹘时期劲健的形体结构呈现，从造型到画法上与汉地画风较为接近。推断该天王幡的图式来自汉地，绘画水准应为普通画工所制。此外，幡身中天王所持长柄幡旗的桃形顶部以线描勾勒外轮廓，下系有黑色缨子，幡旗上以斜右上方取势的五条线依次表现幡旗的卷裹状，黑缨处系以三条似虎尾的装饰物垂下[③]。虎尾装饰同样出现于编号 IB 6878 壁画中毗沙门眷属所持三叉戟上的旗幡中。在大英博物馆藏曹元忠雕造的毗沙门天王版画中（编号：S. 245 Ch. xxx 002），天王手持的三叉戟上绘有随风飘举展开状的军旗，在旗尾处有三条同样类似的虎尾装饰且天王腰部系虎尾腰带。由此可见，虎尾装饰图样借

---

① 短柄单层幢至短柄多层幢，幢的锥柱常饰有虎皮。
② 中唐以后，毗沙门天王逐渐演变为手持长柄幡，此幡原是由毗沙门天王的眷属所持，后发展成毗沙门天王自行持幡，再后来发展为持幢。由于图像上裹卷的幡幢与宝伞外表相似，故后期发展为毗沙门持宝伞，其年代或为更晚。
③ 勒柯克描述为马尾或牦牛尾，参见［德］勒柯克：《高昌——吐鲁番古代艺术珍品》，赵崇民译，新疆人民出版社，1998 年，第 125 页。

用了吐蕃时期以虎皮装扮天王及眷属的做法，[1] 突出了毗沙门天王军功赫赫的象征意义。该图像母题与吐蕃关系极为密切，图像特征呈现出吐蕃占领高昌之后吐蕃图样在当地的传播。

第二支德国吐鲁番探险队在交河故城所获的另一件天王幡（IB 6310，图 2-29），天王亦作将军装，披唐式"明光甲"。因天王肩后绘有典型的鸟羽状焰肩纹，故毗沙门天王的尊格较为明确。天王的左足下绘有一位头戴圆顶黑帽、持花枝礼敬、跪姿的回鹘男性供养人。根据沈雁的判断，圆帽体现出回鹘人非礼服装扮或平民佩戴。[2] 笔者从绘画风格上认为该幡画中人物造型较为松散，画风较为粗糙，与回鹘贵族开凿的洞窟壁画中天王的画风形成鲜明对比（图 2-26），应为民间画工所制。可见，该幡图像应为一般供养人与毗沙门的组合，直接反映出高昌回鹘时期民间的毗沙门天王信仰。

德国第三支吐鲁番探险队在交河故城遗址发掘出一件将军装忿怒相的天王幡（编号：III 7310a[3]），该幡双面，其中一面天王右手托塔，故其尊格为毗沙门天王无疑。而另一面天王左手持剑，帕特卡娅－哈斯奈尔根据持物判断为西方广目天王[4]。表 2-1 中可见天王的多种持物，故笔者认为，仅从单一的持物判断该天王尊格似乎过于单薄。比对敦煌莫高窟藏经洞所出编号 S. P. 431 Ch. xviii. 002 中的纸画，南方天王与西方天王图像均以左手持剑（图 2-24），故

---

① 参见本书关于 III 4799，图 2-30 绢画残件的阐释（第 91 页）。
② 沈雁：《中国北方古代少数民族服饰研究·回鹘卷》，东华大学出版社，2013 年，第 115 页。
③ 图 见 Chhaya Bhattacharya-Haesner, *Central Asian Temple Banners in the Turfan Collection of the Museum für Indische Kunst, Berlin (Painted Textiles from the Northern Silk Route)*, Berlin: Dietrich Reimer, 2003, p. 294, fig. 365。
④ Chhaya Bhattacharya-Haesner, *Central Asian Temple Banners in the Turfan Collection of the Museum für Indische Kunst, Berlin (Painted Textiles from the Northern Silk Route)*, Berlin: Dietrich Reimer, 2003, pp. 294-295.

图 2-29　天王幡，佚名，高昌回鹘时期，麻本设色，高 57 厘米，宽 21 厘米，交河故城遗址出土，已佚（编号：IB 6310）

Albert von Le Coq, *Chotscho: Facsimile-Wiedergaben der Wichtigeren Funde der Ersten Königlich Preussischen Expedition nach Turfan in Ost-Turkistan*, Berlin: Reimer, 1913, Taf. 42a

图 2-30 戴虎头帽武士，佚名，唐代，绢本设色，高 6.6 厘米，宽 6.6 厘米，高昌出土，德国柏林亚洲艺术博物馆藏（编号：Ⅲ 4799）

Chhaya Bhattacharya-Haesner, *Central Asian Temple Banners in the Turfan Collection of the Museum für Indische Kunst, Berlin (Painted Textiles from the Northern Silk Route)*, Berlin: Dietrich Reimer, 2003, p. 304, fig. 381

持剑非西方广目天王图像所独有。笔者注意到该幡画中双面的天王均绘圆形头光，且天王两肩后绘蒲草状光芒表现的焰肩纹。比对图像可知，四天王图像中仅毗沙门天王像的肩后绘有焰肩纹，其他天王仅绘圆形头光，而无焰肩纹。故推断编号Ⅲ 7310a 双面幡中的天王均为毗沙门天王，蒲草状焰肩纹仅为高昌毗沙门天王图式独有。

《戴虎头帽武士》残件是第一支德国吐鲁番探险队自高昌所获（编号：Ⅲ 4799，图 2-30）。图中绘头戴虎头帽的护法神，有头光。据向达先生考据，以虎皮装扮武士是吐蕃军队中一种奖励军功的方式，称为"大虫皮"亦称"波罗皮"[1]。只有骁勇善战的武士才可身披虎皮，是吐蕃勇士的荣誉象征。该典章风俗曾融入佛教绘画中的天部形象，在吐蕃时期的敦煌壁画与绢帛佛画中多有出现，如榆林窟第 15 窟前室北壁东侧毗沙门天王的左侧胁侍即绘戴虎头帽的武士（图

---

[1] ［唐］樊绰撰：《蛮书》卷八《蛮夷风俗第八》："南诏……黄绯紫两色。得紫后有大功则得锦。又有超等殊功者，则得全披波罗皮。其次功则胸前背后得披，而阔其袖。又以次功，则胸前得披，并阔其背，谓之大虫皮，亦曰波罗皮，谓腰带佉直。"向达案："披波罗皮当是吐蕃制度。……吐蕃行军，披虎豹皮者在中军"。参见［唐］樊绰撰：《蛮书校注》，向达校注，中华书局，1962 年，第 208—209 页。

图 2-31　毗沙门天王与戴虎头帽武士，
中唐，莫高窟第 15 窟前室北壁，壁画

敦煌研究院编：《中国石窟·安西榆林
窟》，文物出版社，1989 年，图 4

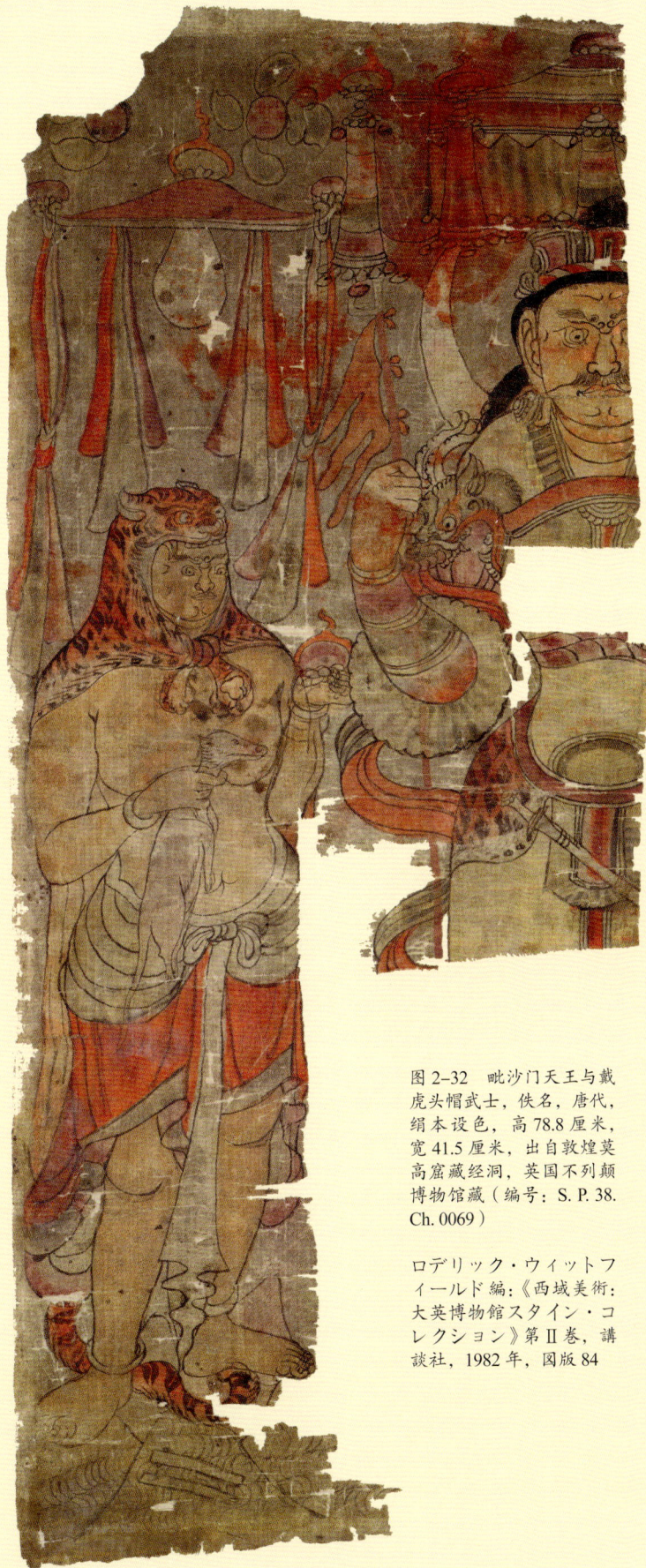

图 2-32　毗沙门天王与戴虎头帽武士，佚名，唐代，绢本设色，高 78.8 厘米，宽 41.5 厘米，出自敦煌莫高窟藏经洞，英国不列颠博物馆藏（编号：S. P. 38. Ch. 0069）

ロデリック・ウィットフィールド編：《西域美術：大英博物館スタイン・コレクション》第 II 巻，講談社，1982 年，図版 84

2-31）。敦煌藏经洞出土绢画残件亦绘有戴虎皮帽的武士且毗沙门天王腰部围有虎皮（编号：S. P. 38 Ch. 0069，图 2-32），这些图像特征均体现了吐蕃人将本民族风俗融入佛教造像，塑造出具有民族特色的毗沙门天王像与武士像。

经过细读发现，编号 III 4799（图 2-30）像中与上述敦煌带虎头帽武士图像的区别在于该像绘有头光，这表明该像的尊格高于一般武士。唐代以来，天龙八部护法神中除六臂的阿修罗与夜叉鬼形象之外，其余诸神多以头戴宝冠，身披甲胄的武士形象表现，且头冠以不同兽类形象区分，其中的乾闼婆（Gandharva）图像[①] 的头冠便为虎冠，作武士形象且绘有圆形头光以示神格。实例可见榆林窟第 25 窟北壁天龙八部诸神与莫高窟第 6 窟西壁龛内北侧诸神形象。因此，可判定德藏编号 III 4799 残件或为天龙八部中的乾闼婆，是以吐蕃装的武士母题传入高昌后创造的图像样式，若此可推知，原件应为毗沙门与眷属或一铺净土变。

---

① 乾闼婆意译为香神、乐神，原为印度神话中帝释天的音乐之神，佛教体系中常做伎乐供养神。

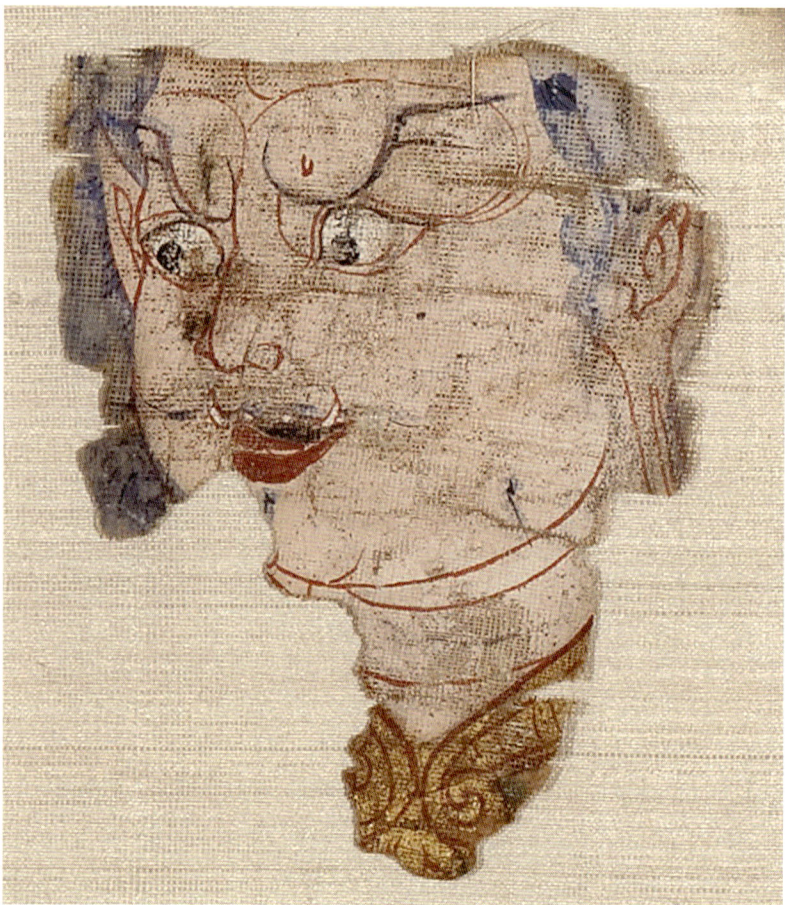

图 2-33　夜叉，佚名，高昌回鹘时期，绢本设色，上：高 10 厘米，宽 10 厘米；下：高 7.8 厘米，宽 6.4 厘米，高昌故城 K 寺院遗址出土，德国柏林亚洲艺术博物馆藏（编号：Ⅲ 6468a，Ⅲ 6468d）

Chhaya Bhattacharya-Haesner, *Central Asian Temple Banners in the Turfan Collection of the Museum für Indische Kunst, Berlin* (*Painted Textiles from the Northern Silk Route*), Berlin: Dietrich Reimer, 2003, p. 313, fig. 396–397

图 2-33 中的两件残像是第二支德国吐鲁番探险队自高昌故城 K 寺院遗址所获（编号：Ⅲ 6468a，Ⅲ 6468d）[1]，其面部五官呈皱眉、怒目圆睁，半张口，探出尖牙，尖耳，身披铠甲。其中口中外露的尖牙、尖耳与上述天王的图像特征迥异，但与犍陀罗、中亚以及新疆诸遗址中发现的夜叉鬼图像特征相近[2]。因残件破损较重，暂不能进一步判断具体的夜叉名。此二像以细劲的色线勾勒而成，笔法严谨细腻，夜叉神态栩栩如生，虽为残件，仍可推想全像昔日的精彩。

上述天王幡及绢画残件呈现出唐与高昌回鹘王国时期天王的多种造型特征与表现方式，其绘画水平高下不一，已暗示出出资绘制幡画供养人的社会等级多样。

显密经典对于四天王的记述是天王信仰的理论基础。关于四天王在于阗与敦煌的信仰背景及发展状况学界已有较充分的论述，这为探讨高昌天王信仰提供了有益借鉴[3]。经典中四天王的职能从早期护持佛法[4]发展到五世纪始兼有护持世间、国土及国主的功能[5]，其中《金光明经》的《四天王品》对弘布四天王护持国土的影响尤为深远[6]。与此同时，毗沙门天王始以单独尊神成为护国救世的神王[7]。隋代又在昙无谶 30 卷本《大方等大集经》基础上增加了那连提耶舍译《大方等大集月藏经》，经中不仅提及毗沙门天王可护持阎浮提北方国土且能以"五事"护持养育众生，"五事"即"寿命增长、财增长、无病增长、乐增长与称誉增长"[8]。可见，信奉毗沙门天王与世间人的寿命、财富、病痛、快乐与名誉等现世追求息息相关。由此，毗沙门天王信仰逐步受到世间人的孜孜以求。盛唐以后，毗沙门天王信仰在形式上呈现仪轨化[9]，经典中提及供奉毗沙门天王可"利益安乐、丰饶财富、护持国界"[10]。宋初的《佛说毗沙门天王经》是

---

① 同一遗址另出土两件相似的头部残件（编号Ⅲ 6468c、Ⅲ 6469d），参见 Chhaya Bhattacharya-Haesner, *Central Asian Temple Banners in the Turfan Collection of the Museum für Indische Kunst, Berlin (Painted Textiles from the Northern Silk Route)*, Berlin: Dietrich Reimer, 2003, fig. 414-415。
② 关于天王与夜叉图像特征的详细比对可参见张惠明：《公元六至八世纪于阗佛教护法神系中的夜叉图像——以达玛沟佛寺遗址画迹为中心的讨论》，载中山大学艺术史研究中心编：《艺术史研究》（第17辑），中山大学出版社，2015年，第205—244页。
③ 张广达、荣新江：《敦煌"瑞像记"、瑞像图及其反映的于阗》，载张广达、荣新江：《于阗史丛考》，上海书店出版社，1993年，第212—279页。吕建福：《西北战事与毗沙门天王的信仰》，载吕建福：《中国密教史》，中国社会科学出版社，1995年，第363—369页。古正美：《于阗与敦煌的毗沙门天王信仰》，载敦煌研究院编：《2000年敦煌学国际学术讨论会文集——纪念敦煌藏经洞发现暨敦煌学百年（历史文化卷·上）》，甘肃民族出版社，2003年，第34—66页。古正美：《从天王传统到佛王传统——中国中世佛教治国意识形态研究》，商周出版社，2003年，第457—497页。党燕妮：《毗沙门天王信仰在敦煌的流传》，《敦煌研究》，2005年第3期，第99—104页。
④ ［东汉］支娄迦谶译《佛说伅真陀罗所问如来三昧经》。
⑤ ［南朝宋］智严共宝云译《佛说四天王经》。［北凉］昙无谶译《金光明经》《悲华经》已将毗沙门天王列为四天王首位。
⑥ ［北凉］昙无谶译：《金光明经》卷二《四天王品第六》，《大正新修大藏经》第16册，第340—344页。
⑦ ［北魏］昙曜译《大吉义神咒经》。
⑧ ［北齐］那连提耶舍译：《大方等大集经·月藏分》卷五二，《大正新修大藏经》第13册，第351页。
⑨ ［唐］不空译《毗沙门天王经》一卷、《毗沙门仪轨》一卷、《北方毗沙门天王随军护法仪轨》一卷、《北方毗沙门天王随军护法真言》一卷、《北方毗沙门多闻宝藏天王神妙陀罗尼别行仪轨》一卷等。
⑩ ［唐］不空译：《毗沙门天王经》，《大正新修大藏经》，第21册，第215页。

中土最晚翻译的毗沙门经典，经中不仅记述四天王各以威德守护四洲，而且强调该经真实有大威力能为救护，宣布流通此经能除众生一切烦恼。①

吐鲁番自高昌郡、高昌国、唐西州至高昌回鹘王国时期出土的吐鲁番文献中涉及四天王的经典是高昌之地持续流行天王信仰的基础。现简述如下：

第一，汉文佛教典籍。20世纪初，德国探险队自吐峪沟与高昌故城所获数件《大方等大集经》残件，自吐峪沟、木头沟、高昌故城所获数十件《金光明经》《合部金光明经》与《金光明最胜王经》残件，其中《大方等大集经》（T Ⅱ 1139）与《金光明最胜王经》（T Ⅱ D 119）残件年代已至唐西州与高昌回鹘时期②。

1980—1981年柏孜克里克石窟出土佛教典籍中出现了《大方等大集经》，残件涉及该经卷一三、二四、二五、五九，年代在高昌国至唐西州时期③。由此可见，柏孜克里克本《大方等大集经》依据的是60卷本。推知原本卷五二中《月藏分第十二提头赖咤天王护持品第十一》《月藏分第十二毗楼勒叉天王品第十二》《月藏分第十二毗楼博叉天王品第十三》与《月藏分第十二毗沙门天王品第十四》均应在高昌奉持。此外，亦出土了唐西州时期《合部金光明经》，宋代《金光明最胜王经》以及四件高昌国至唐西州时期的《金光明经》卷二《四天王品第六》残件④。

第二，汉文和回鹘文佛教典籍。德国探险队自交河故城、高昌故城、吐峪沟与木头沟等遗址所获数十件《金光明最胜王经》，数件《大方等大集经》《合部金光明经》与《金光明经》⑤。其中自交河故城所获残件（T Ⅱ Y59）为《大方等大集经》卷五四⑥，故而可知原件仍为60卷本，应包括《月藏分》的内容。

---

① ［北宋］法天译：《佛说毗沙门天王经》，《大正新修大藏经》，第21册，第217页、219页。
② 荣新江主编：《吐鲁番文书总目（欧美收藏卷）》，武汉大学出版社，2007年，第1—332页。
③ 新疆维吾尔自治区吐鲁番学研究院、武汉大学中国三至九世纪研究所编著：《吐鲁番柏孜克里克石窟出土汉文佛教典籍》，文物出版社，2007年，第9—13页。
④ 同上书，第188、192—193页。
⑤ 荣新江主编：《吐鲁番文书总目（欧美收藏卷）》，武汉大学出版社，2007年，第333—476页。
⑥ 同上书，第405页。

第三，回鹘文佛教典籍。德国探险队自木头沟、吐峪沟、高昌故城、交河故城与吐鲁番山脚遗址发掘出上百件《金光明最胜王经》[1]，数件《金光明经》、《大方等大集经》（汉语）以及《佛说毗沙门天王经》残件[2]。

上述汉文和回鹘文经本囊括了四天王的多种职能，从一个侧面印证了唐西州与高昌回鹘时期高昌之地持续流行的四天王护持国土、国主且毗沙门天王护持人间"五事"的信仰。

在两件出自交河故城的毗沙门天王幡中（Ⅲ 7310b，IB 6310），天王脚下绘制了回鹘装男性供养人。两件幡画的绘制水平均较为粗糙，似为民间画工所制，且供养人的装扮亦非回鹘贵族装扮。图像生动体现出高昌回鹘王国时期民间信众对于毗沙门天王的信仰情况。如果说柏孜克里克第20窟描绘的《毗沙门天王图》（IB 6878，IB 6979）体现了回鹘名门望族[3]借助毗沙门天王希冀护国救世的愿景，那么德国探险队自交河故城所得的两件民间供养人与毗沙门天王组合图像幡（Ⅲ 7310b, IB 6310）则更多与世间人对于生命、财富、荣誉的追求密切相关。该天王图像清晰呈现出高昌回鹘王国时期上至贵族下及民间百姓对于毗沙门天王的多层面信仰。

---

[1] 回鹘文《金光明最胜王经》有六种写本和一种刻本，其一是勒柯克于1908年发现自高昌，约残存10叶，由北庭胜光阇梨都统（Šïŋqo Šäli Tutuŋ）依义净本《金光明最胜王经》转译，茨默（Peter Zieme）判断该译本年代为10世纪；其二是买买提·哈吉（Memet Haji）发现于柏孜克里克石窟，尚未刊布；其三，刻本发现于酒泉文殊沟，该刻本第一卷多出《四天王赞》（由 Tanwasïn Ačari 法师译自藏语），第五卷涉及天王内容的有第十一品《四天王观察人天品》（v27b,20），第六卷涉及天王内容的包括第十二品《四天王护国品》（Ⅵ. 30b, 20）。参见耿世民：《回鹘文〈金光明最胜王经〉第六卷四天王护国品研究》，《中央民族学院学报（语言文学增刊）》，1986年第3期，第95—101页。杨富学：《回鹘之佛教》，新疆人民出版社，1998年，第83—93页。

[2] 荣新江主编：《吐鲁番文书总目（欧美收藏卷）》，武汉大学出版社，2007年，第477—801页。

[3] 杨富学对柏孜克里克第20窟壁画中梵、汉与回鹘文榜题识读后认为，该窟的供养人上至国王、诸侯、诸侯夫人与都统等权贵，下及商人、比丘和婆罗门，故该窟的修建与高昌回鹘王室及官府密切相关。参见杨富学：《柏孜克里克石窟第20窟的誓愿图与榜题》，《新疆艺术》1992年第6期，第51—56页。

第
四
节

供
养
人

　　高昌出土的绢帛佛画残件中绘制了众多供养人图像,他们或是绢画的功德主或是绢画中祈愿回向的对象。[1] 自唐西州至高昌王国回鹘时期,从王室至百姓均有表现,生动地呈现出不同时代生活在高昌的各民族的宗教文化景观。

　　图 2-34 中残件绘莲花座下两身女性供养人(编号:Ⅲ 6341),呈跪姿、双手合掌持于胸前。与硕大的莲花宝座相比,此两身供养人身量较小,可以推想莲花座上原有高大的佛陀或菩萨等尊像。供养人头梳高髻,面部以淡红色高染法绘制,身着朱砂色披肩,显然为唐装人物。残件中硕大的莲花花瓣以深红、朱膘、黑色、石青与石绿等色叠置而成,显得异常华丽。此莲花的画法在唐西州时期的其他绢画(图 2-35,编号:Ⅲ 6352)与柏孜克里克石窟唐代壁画中(图 2-36,编号:Ⅲ 8382)均有使用,为典型的唐代画法。

　　图 2-37 与图 2-34 类似,也为唐装女性供养人(编号:Ⅲ 6248),是第二支德国吐鲁番探险队在交河故城所获,此图中右侧供养人身穿长袖青色上衣、红裙、褐色披肩,双手作合十祈祷状。供养人旁有汉文题记"清净弟子义女百丑一心供养佛时",她的身后为侍从,根据幡画常见图式位置,该残件应为幡的下部。

　　图 2-38 为第一支德国吐鲁番探险队在高昌故城 α 寺院遗址小室前侧入口处所获,双面均绘有回鹘贵族男性供养人像(编号:Ⅲ 4524)[2]。上有三角形幡头,中间绘一身坐佛,周围

----

① 请画工绘制佛像与抄写经书均为做功德的具体形式。
② [德]阿尔伯特·冯·勒柯克、恩斯特·瓦尔德施密特:《新疆佛教艺术》(第3卷),管平、巫新华译,新疆教育出版社,2006年,第256页,图版17。

上：图 2-34　女供养人，佚名，唐代，绢本设色，高 9.7 厘米，宽 24.8 厘米，吐峪沟遗址出土，德国柏林亚洲艺术博物馆藏（编号：Ⅲ 6341）

Chhaya Bhattacharya-Haesner, *Central Asian Temple Banners in the Turfan Collection of the Museum für Indische Kunst, Berlin* (*Painted Textiles from the Northern Silk Route*), Berlin: Dietrich Reimer, 2003, p. 337, fig. 466

下：图 2-35　坐佛，佚名，唐代，绢本设色，高 16.8 厘米，宽 27.7 厘米，吐峪沟藏书室出土，德国柏林亚洲艺术博物馆藏（编号：Ⅲ 6352）

Chhaya Bhattacharya-Haesner, *Central Asian Temple Banners in the Turfan Collection of the Museum für Indische Kunst, Berlin* (*Painted Textiles from the Northern Silk Route*), Berlin: Dietrich Reimer, 2003, p.127, fig. 117

图2-36　坐佛，唐代，柏孜克里克第31窟，壁画，德国吐鲁番探险队揭取，德国柏林亚洲艺术博物馆藏（编号：Ⅲ 8382）

［德］阿尔伯特·冯·勒柯克、恩斯特·瓦尔德施密特：《新疆佛教艺术》（第3卷），管平、巫新华译，新疆教育出版社，2006年，第260页，图版21

图 2-37　女性供养人，佚名，唐代，绢本设色，高 30.7 厘米，宽 28 厘米，吐峪沟
藏书室出土，德国柏林亚洲艺术博物馆藏（编号：Ⅲ 6248）

Albert von Le Coq, *Chotscho: Facsimile-Wiedergaben der Wichtigeren Funde der Ersten
Königlich Preussischen Expedition nach Turfan in Ost-Turkistan*, Berlin: Reimer, 1913, Taf. 44a

图 2-38 回鹘男性供养人，佚名，高昌回鹘时期，绢本设色，高 142 厘米，宽 52 厘米，高昌故城 α 寺院遗址出土，德国柏林亚洲艺术博物馆藏（编号：Ⅲ 4524）

选自［德］阿尔伯特·冯·勒柯克、恩斯特·瓦尔德施密特：《新疆佛教艺术》（第 3 卷），管平、巫新华译，新疆教育出版社，2006 年，第 256 页，图版 17

图 2-39 回鹘女性供养人头部，佚名，高昌回鹘时期，绢本设色，高 15.8 厘米，宽 12.7 厘米，高昌出土，德国柏林亚洲艺术博物馆藏（编号：Ⅲ 4798）

Chhaya Bhattacharya-Haesner, *Central Asian Temple Banners in the Turfan Collection of the Museum für Indische Kunst, Berlin* (*Painted Textiles from the Northern Silk Route*), Berlin: Dietrich Reimer, 2003, p. 356, fig. 500

饰以缠枝花纹，底下绘一排五朵花卉倒垂的三角纹。回鹘男性供养人白发、白眉、白须，仪态庄重，头戴三个尖顶的黑色头冠（即三叉冠），颌下系带，冠后垂黑色头巾。身着圆领红底团花袍，袍下分衩，足穿黑色尖靴。袍上绘对雁纹，雁头与雁翅以蓝色与朱色绘制，勾以白纹。此男子手持花枝，上有绣球花般的花朵，人物头部刻画写实，身材瘦削，以程式化的 S 型姿态站立。整体幡画精美沉稳，呈现出回鹘贵族供养人礼佛的愿景。

图 2-39（编号：Ⅲ 4798）与图 2-40（编号：Ⅲ 160a）为两身回鹘女性供养人头部，图 2-39 女子头戴似花蕾冠[①]，图 2-40 女性头戴元宝冠[②]，面部五官以细线淡墨勾勒，平一字眉，几不施晕染，生动地记录了回鹘女性功德主面容。

图 2-41 为回鹘女性供养人正面像（编号：Ⅲ 4780），她双手上举，其上残存莲瓣。根据较

[①] 沈雁主编：《中国北方古代少数民族服饰研究·回鹘卷》，东华大学出版社，2013 年，第 138—142 页。
[②] 回鹘女性头冠形似元宝而称之，参见沈雁主编：《中国北方古代少数民族服饰研究·回鹘卷》，东华大学出版社，2013 年，第 142 页。

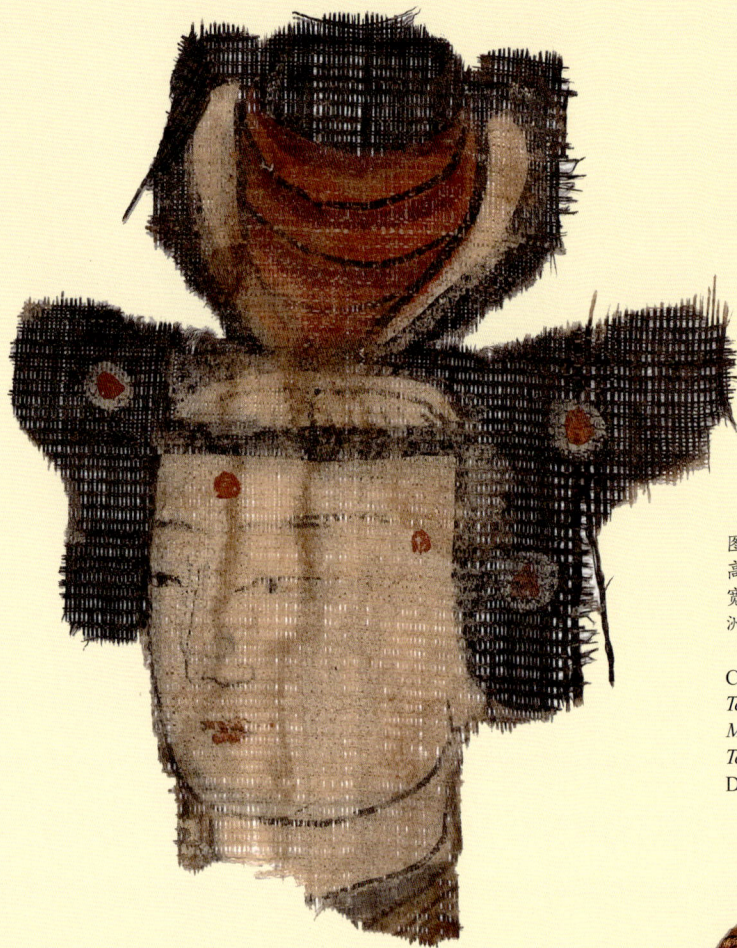

图 2-40　回鹘女性供养人头部，佚名，高昌回鹘时期，绢本设色，高 6 厘米，宽 4.7 厘米，出土地点未知，德国柏林亚洲艺术博物馆藏（编号：Ⅲ 160a）

Chhaya Bhattacharya-Haesner, *Central Asian Temple Banners in the Turfan Collection of the Museum für Indische Kunst, Berlin* (*Painted Textiles from the Northern Silk Route*), Berlin: Dietrich Reimer, 2003, p. 357, fig. 501

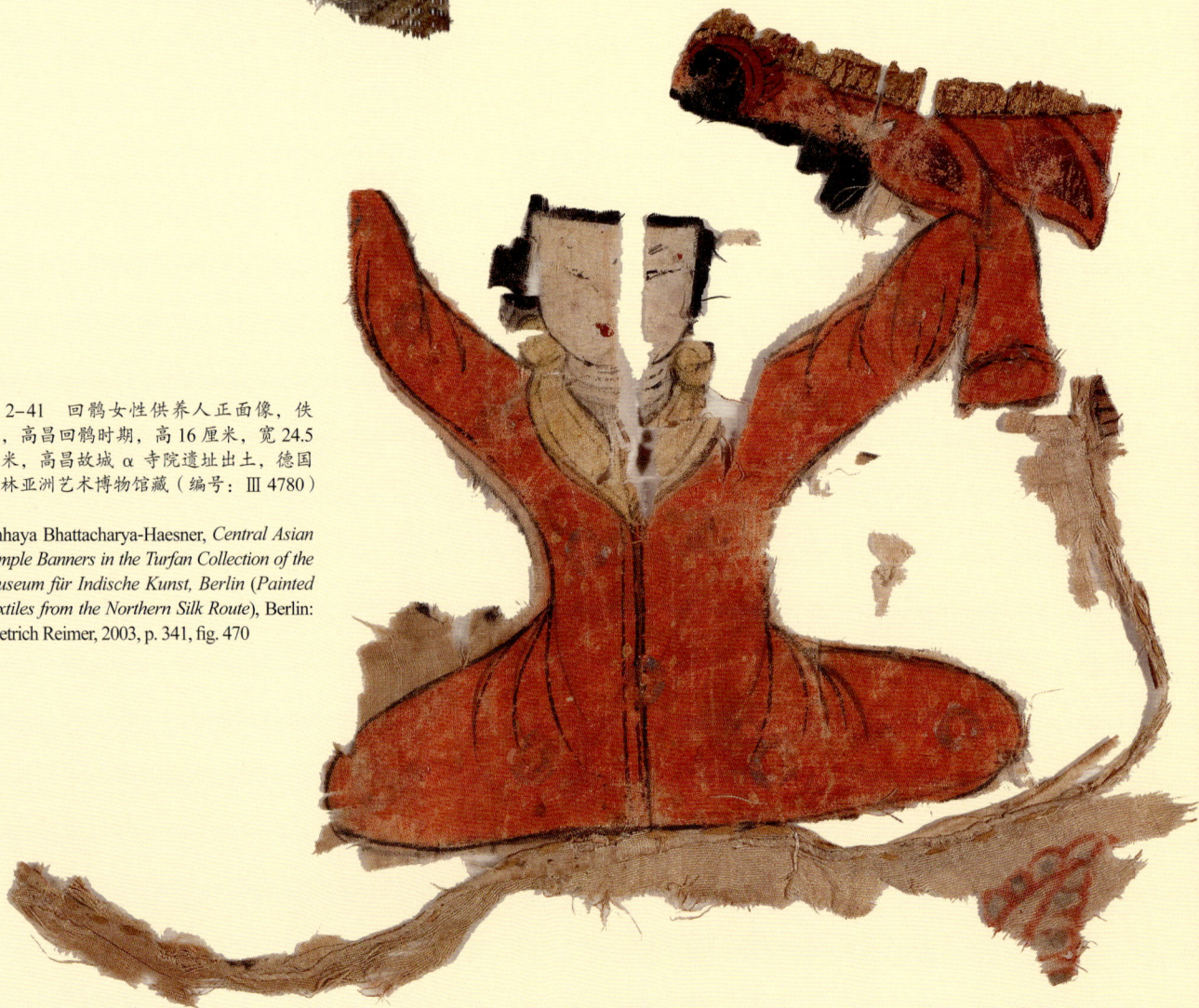

图 2-41　回鹘女性供养人正面像，佚名，高昌回鹘时期，高 16 厘米，宽 24.5 厘米，高昌故城 α 寺院遗址出土，德国柏林亚洲艺术博物馆藏（编号：Ⅲ 4780）

Chhaya Bhattacharya-Haesner, *Central Asian Temple Banners in the Turfan Collection of the Museum für Indische Kunst, Berlin* (*Painted Textiles from the Northern Silk Route*), Berlin: Dietrich Reimer, 2003, p. 341, fig. 470

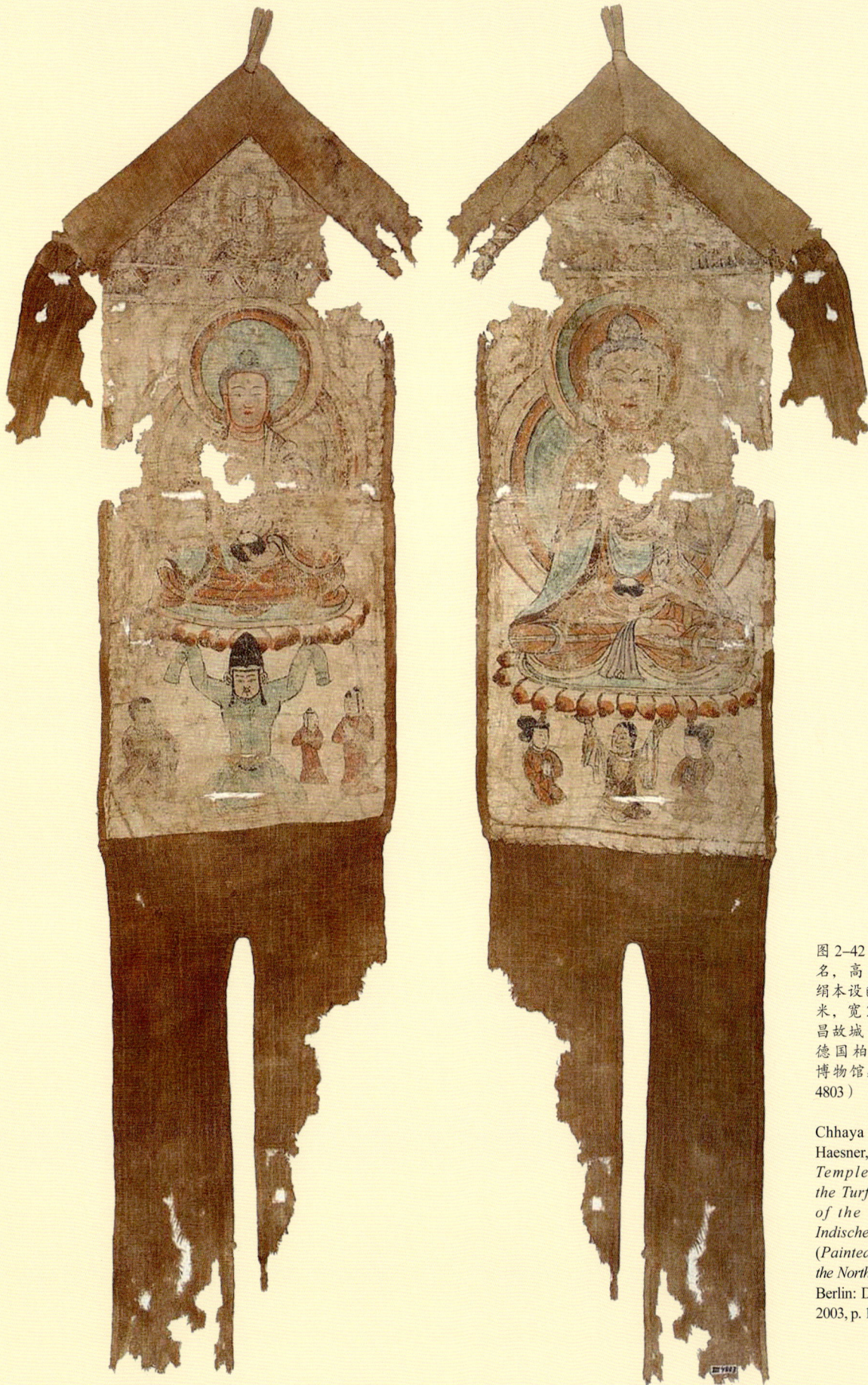

图 2-42 双面幡，佚名，高昌回鹘时期，绢本设色，高 90.5 厘米，宽 27.5 厘米，高昌故城 λ 遗址出土，德国柏林亚洲艺术博物馆藏（编号：Ⅲ 4803）

Chhaya Bhattacharya-Haesner, *Central Asian Temple Banners in the Turfan Collection of the Museum für Indische Kunst, Berlin (Painted Textiles from the Northern Silk Route)*, Berlin: Dietrich Reimer, 2003, p. 159, fig. 154

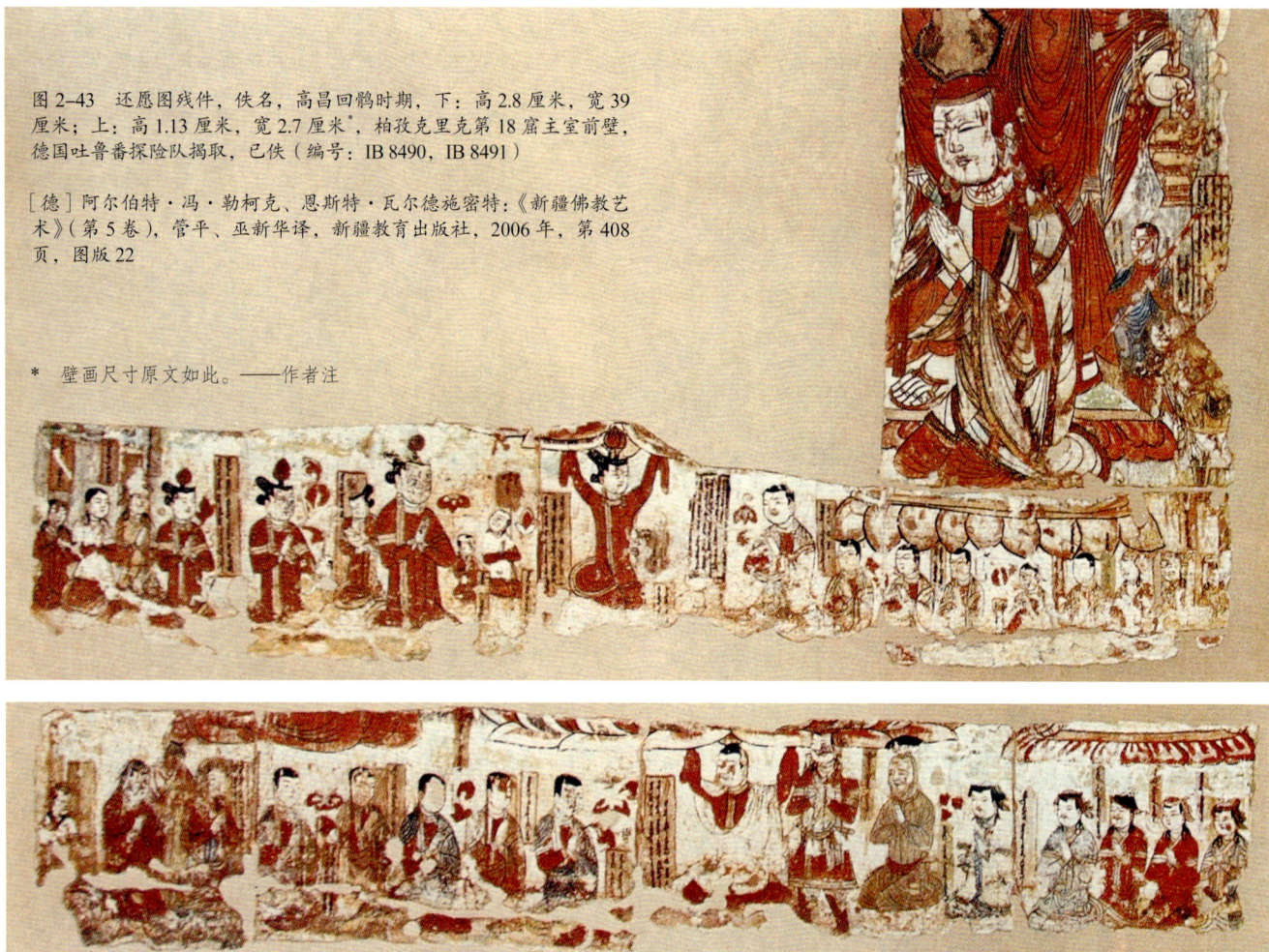

图2-43 还愿图残件，佚名，高昌回鹘时期，下：高2.8厘米，宽39
厘米；上：高1.13厘米，宽2.7厘米*，柏孜克里克第18窟主室前壁，
德国吐鲁番探险队揭取，已佚（编号：IB 8490，IB 8491）

［德］阿尔伯特·冯·勒柯克、恩斯特·瓦尔德施密特：《新疆佛教艺
术》（第5卷），管平、巫新华译，新疆教育出版社，2006年，第408
页，图版22

* 壁画尺寸原文如此。——作者注

完整的高昌回鹘时期经幡绘画可知，这是佛陀或菩萨莲花座下的中心供养人像。
如较为完整的幡画（编号：Ⅲ 4803，图2-42），图中莲花座下中间的男性供养人
与比丘均呈双手上举姿态，身形较两侧供养人略大。该图式在高昌回鹘时期的石
窟壁画中亦有绘制（编号：IB 8490，IB 8491，图2-43）。德国吐鲁番探险队曾在
柏孜克里克第18窟主室前壁揭取壁画，根据孔扎克（Ines Konczak）博士所做的
复原图[①]，回鹘女性供养人作双手上举姿态托举足踏莲花的立佛。众多高昌遗迹表
明，在佛像下绘制呈托举姿态的供养人图式在高昌回鹘时期甚为流行。[②]

神祇下方绘制供养人图式的来源或与地神托举样式有关。根据勒柯克的记录，

① 复原图参见 Ines Konczak, "Praṇidhi-Darstellungen an der Nördlichen Seidenstraße: Das Bildmotiv der Prophe-zeiung der
Buddhaschaft Śākyamunis in den Malereien Xinjiangs", *Inaugural-Dissertation zur Erlangung des Doktorgrades
der Philosophie an der Ludwig-Maximilians-Universität München*, 2014, p. 412, pl. 143。
② 刘韬：《从龟兹到高昌——回鹘时期佛教石窟壁画的图像与风格研究》，中国人民大学博士后研究工作
报告，2019年，第54—55页。

图 2-44　地神托举毗沙门天王，新疆和田热瓦克佛塔寺院遗址东南墙内壁，塑像

［英］奥雷尔·斯坦因：《古代和田：中国新疆考古发掘的详细报告》，巫新华等译，山东人民出版社，2009年，图版XIV

在佛陀之下安排地神托举的样式早在犍陀罗雕刻中就已出现。[①]传入中国后，地神托举的神祇主要是天王像，例如和田热瓦克佛寺遗址天王脚下塑有呈托举状的女性神灵（图 2-44），敦煌藏经洞绢画（编号：EO. 1190）中毗沙门天王双足下绘制一位呈托举状的女性神祇（图 2-45）；敦煌纸画（编号：EO.1162a）中亦绘制有一位女性神祇双手托举毗沙门天王。可见，回鹘人借用了地神托举的图式，将供养者自身仿照地神的位置与姿态绘制于所供奉的佛陀与菩萨之下，这是回鹘时期对供养人图式的再创造。

经过对高昌绢帛佛画残件的巡礼之后，本章以一件《菩萨

---

① ［德］阿尔伯特·冯·勒克科：《中亚艺术与文化史图鉴》，赵崇民、巫新华译，中国人民大学出版社，2005年，第158页，图162。

持花手》（编号：Ⅲ 348，图
2-46）作为结束。该图在草绿
色背景上绘出菩萨轻捻花朵的
手部，可想见持花手菩萨原初
的绰约风姿。如同高昌其他精
彩纷呈的绢画残件一样，诉说
着高昌佛教曾经的荣光。

　　本章所述流失海外的高昌
绢帛佛画，虽然破损严重，但
依然能够通过支离破碎的局部
窥见当时佛教艺术的繁荣，亦
能从这些局部中体悟唐与回鹘
时期东西方文化在高昌的交融
与创造。尽管缺憾之美仅能如
目所见、所感，但恰如佛家
"拈花一笑"的公案①，暗合着
对佛教义理的心心相映。

① ［宋］普济集：《五灯会元》卷一：
　　"世尊在灵山会上，拈花示众。是
　　时众皆默然，唯迦叶尊者破颜微
　　笑。世尊曰：'吾有正法眼藏，涅
　　槃妙心，实相无相，微妙法门，
　　不立文字，教外别传。'付嘱摩诃
　　迦叶。"参见《大正新修大藏经》
　　第 80 册，第 28 页。

左：图2-45 毗沙门天王立像幡，唐代，绢本设色，高44厘米，宽13.5厘米，出自敦煌莫高窟藏经洞，法国巴黎吉美博物馆藏（编号：EO.1190）

ジャック・ジエス：《西域美術：ギメ美術館ペリオ・コレクション》第2巻，東京：講談社，1994年，図74

右：图2-46 《菩萨持花手》，佚名，唐代，绢本设色，高9.2厘米，宽4.3厘米，吐峪沟石窟寺出土，德国柏林亚洲艺术博物馆藏（编号：Ⅲ348）

Chhaya Bhattacharya-Haesner, *Central Asian Temple Banners in the Turfan Collection of the Museum für Indische Kunst, Berlin* (*Painted Textiles from the Northern Silk Route*), Berlin: Dietrich Reimer, 2003, p. 173, fig. 175

第三章

风格大成

绢帛佛画的笔法与赋彩

引言

　　自东汉始，源于古印度的佛教艺术开始持续影响中国佛教美术的形成与发展，中国在接受犍陀罗与马图拉佛教美术的样式与风格过程中，开始了"改梵为夏"之路。自戴逵父子始，先有南朝画家张僧繇的"张家样"与北朝画家曹仲达创立的"曹家样"，至唐代达到佛教美术中国化发展的顶峰，形成了以盛唐画家吴道子的"吴家样"与中唐画家周昉的"周家样"。"张""曹""吴""周"四家样式成为中国佛教美术的经典样式，[①]尤其以"吴家样"与"周家样"对后世佛教艺术影响深远。进入宋代，画家李公麟将唐人的"白画"发扬延传，发展为能传情达意的"白描"；另有南宋梁楷开创的"减笔画"，均对后世佛教绘画风格影响深远。在存世的绢帛佛画作品中可以清晰地品读出佛教艺术风格中国化进程的理路。

---

① 《历代名画记》卷五："汉明帝梦金人长大，顶有光明，以问群臣。或曰：'西方有神，名曰佛，长丈六，黄金色。'帝乃使蔡愔取天竺国优填王画《释迦倚像》，仍命工人图于南宫清凉台及显节陵上。以形制古朴，未足瞻敬。《阿育王像》至今亦有存者，可见矣。后晋明帝、卫协皆善画像，未尽其妙。洎戴氏父子皆善丹青，又崇释氏，范金赋采，动有楷模。至如安道潜思于帐内，仲若悬知其臂胛，何天机神巧也？其后北齐曹仲达，梁朝张僧繇、唐朝吴道玄、周昉，各有损益。圣贤盻响，有足动人；璎珞天衣，创意各异。至今刻画之家列其模范，曰曹、曰张、曰吴、曰周，斯万古不易矣。"参见[唐]张彦远：《历代名画记》，俞剑华注释，上海人民美术出版社，1964年，第125页。

第一节　胡风东渐

北齐时期，有着中亚血统的画家曹仲达绘制薄衣贴体的"曹家样"佛画，曾经风靡一时。至初唐，来自于阗国的画家尉迟乙僧又以"屈铁盘丝"式用线称名画史，这种源自西域的画风对中国绘画观念的更新与绘画风格的丰富发挥了不可低估的作用，从传世的绢帛佛画遗存中可以品读出曹仲达与尉迟乙僧的异域风貌。

高昌故城 λ 寺院遗址出土的《双菩萨图》（编号：Ⅲ 4542，图 3-1）绢画残件由第一支德国吐鲁番探险队发现并带回柏林，今藏于柏林亚洲艺术博物馆库房中，从未轻易示人。画面呈现出浓郁的西域画风，尤与龟兹石窟壁画画风相似（图 3-2）。双菩萨身体健硕，以劲健的笔法与"凹凸法"晕染而成，成为至今可以用来探讨西域画风为数不多的绢帛佛画珍品。

龟兹画风对高昌早期壁画影响深远。在吐峪沟石窟高昌郡至高昌国时期的洞窟壁画中（如沟东区第 18 窟、沟西区第 NK2 窟等[1]）均呈现出受龟兹画风的影响。该绢画图像呈现出浓郁的龟兹画风，其造型构成与晕染方式几乎与龟兹壁画无异。图中两身菩萨对称而立，由于过于残破，缺失典型的图像学特征，题材或为观音与大势至菩萨或为双观音题材。[2] 两身菩萨均赤

---

[1] 中国社会科学院考古研究所边疆民族考古研究室、吐鲁番学研究院、龟兹研究院：《新疆鄯善县吐峪沟西区北侧石窟发掘简报》，《考古》，2012 年第 1 期。中国社会科学院考古研究所边疆民族考古研究室、吐鲁番学研究院、龟兹研究院：《新疆鄯善县吐峪沟东区北侧石窟发掘简报》，《考古》，2012 年第 1 期。李裕群：《吐鲁番吐峪沟石窟考古新发现——试论五世纪高昌佛教图像》，载石守谦、颜娟英主编：《艺术史中的汉晋与唐宋之变》，石头出版社，2014 年，第 95—126 页。

[2] 格伦威德尔首先根据 III 4542 绢画残件中菩萨头饰中的坐佛判断其尊格为莲花手菩萨（Padmapāṇi）与弥勒菩萨（Maitreya），参见［德］阿尔伯特·格伦威德尔：《高昌故城及其周边地区的考古工作报告（1902 ～ 1903 年冬

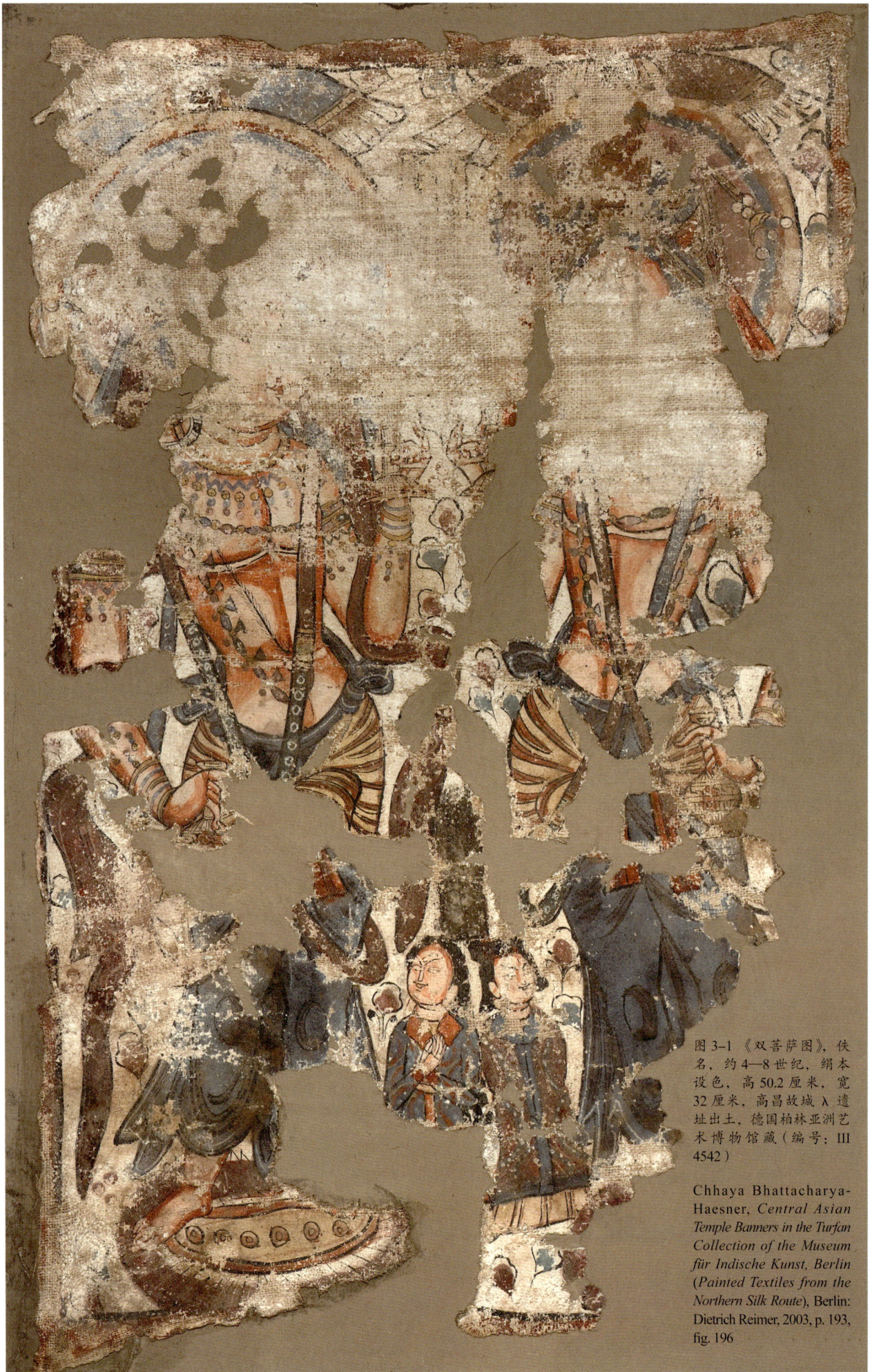

图3-1《双菩萨图》,佚名,约4—8世纪,绢本设色,高50.2厘米,宽32厘米,高昌故城ヘ遗址出土,德国柏林亚洲艺术博物馆藏(编号:III 4542)

Chhaya Bhattacharya-Haesner, *Central Asian Temple Banners in the Turfan Collection of the Museum für Indische Kunst, Berlin* (*Painted Textiles from the Northern Silk Route*), Berlin: Dietrich Reimer, 2003, p. 193, fig. 196

图3-2　菩萨，佚名，约5—6世纪，库木吐喇沟口区第21窟顶部，
壁画，石窟原址

中国壁画全集编辑委员会编：《中国美术分类全集·中国新疆壁
画全集4·库木吐喇》，新疆美术摄影出版社，辽宁美术出版社，
1995年，第15页，图16

裸上身，佩戴璎珞与臂钏，身体呈现较为僵硬的 S 型，以浓重的朱色晕染身体。菩萨足踏莲花，双菩萨的下方还绘有两身立姿龟兹装供养人像。从供养人身份可见，该绢画是龟兹人作为功德主供养菩萨的作品，但却出现于其东部的高昌之地，或许是先在龟兹绘制后被带至高昌，或是由在高昌谙熟龟兹画风的画师绘制，此图为探讨高昌与龟兹两地画风之间的渊源提供了珍贵资料。

《释迦牟尼涅槃图》(图3-3)[①] 中绘佛陀右胁卧于七宝床上，

图 3-3 《释迦牟尼涅槃图》，佚名，5—8 世纪，绢本设色，高 20.4 厘米，宽 35 厘米，上海博物馆藏

季)》，管平译，新疆文物考古研究所、吐鲁番学研究院编著，文物出版社，2015 年，第 298 页。帕特卡娅－哈斯奈尔在其所编纂图录中判断 III 4542 绢画残件中其中一身为观世音菩萨（Avalokiteśvara），另一身为大势至菩萨（Mahāsthāmaprāpta），参见 Chhaya Bhattacharya-Haesner, *Central Asian Temple Banners in the Turfan Collection of the Museum für Indische Kunst, Berlin (Painted Textiles from the Northern Silk Route)*, Berlin: Dietrich Reimer, 2003, pp.192-194。笔者观察此图，左侧观音头饰中绘有化佛，故而观世音菩萨的尊格比较明确，而另一身菩萨头部残损，缺失图像学特征，故而也不可排除双观音题材的可能，该题材在北朝时期已大量出现。

① 中国古代书画鉴定组编：《中国美术分类全集·中国绘画全集1》，文物出版社，2001 年，第 136—137 页，图 114。

着通肩式袈裟，体相丰满，右手支颐，左手抚于膝上，双脚外露，佛陀头光与身光俱足，身体上方绘出六条火焰纹，背景绘娑罗双树。佛陀以修目微启之状传达出脱离轮回之境的曼妙境象。该佛像形体充实饱满，衣纹贴体，勾线紧劲，保留有"曹衣出水"的范式，同时存有初唐于阗画家尉迟乙僧的遗风。"屈铁盘丝"不仅是一种单纯的线描技法，更是一种造型风格，在龟兹石窟壁画亦清晰地呈现出来自西域的佛画样式与风格（图3-4）[1]。

"屈铁盘丝"一词出自《历代名画记》："尉迟乙僧。于阗国人，……画外国及菩萨，小则用笔紧劲，如屈铁盘丝，大则洒落有气概。"[2] 金维诺先生对此段话的解释是："张彦远'小则用笔紧劲，如屈铁盘丝'的简单评语，不只形容乙僧线条的匀称有力，更重要的是形容这种匀称有力的线条，有着繁繁圆润的变化，有着连绵不断的感觉，刻画了比较多的物象上的转折变化，从而表现了有韵律的、富有动态的感觉的优美的形象。"[3] 虽然尉迟乙僧的原作今已无处可寻，但从新疆克孜尔石窟壁画佛陀涅槃图线条"紧劲"的外部特征中仍可感受到尉迟乙僧"屈铁盘丝"式线条的风貌。在该涅槃佛画中，如铁丝盘屈之状又稠密组合（二或三根一组）的线条呈现"用笔紧劲""繁繁圆润"与"连绵不断"的特征，显然受到于阗画派尉迟乙僧画风的影响。在宋代画家陈用志《仿尉迟乙僧释迦出山图》中（图3-5）[4]，以身披红色袈裟胡貌梵相的僧人表现释迦牟尼，佛陀衣纹稠叠，面部与手部施以浓重的赭色，用低染法强调体积，这与画史记载尉迟乙僧"用色沉着，堆起绢素而不隐指"[5]相合，存有于阗遗风。从"屈铁盘丝"式用线的源头来看，应受印度笈多时期马图拉佛教造像的影响（图3-6），传入北齐后曾风靡一时。[6] 佛像饱满的身躯造型与线条的紧劲之感及排列组合似是对印度佛像审美风尚的追摹。

《图画见闻志》中论及北齐画家曹仲达："吴之笔，其势圆转，而衣服飘举。曹之笔，其体稠叠，而衣服紧窄，故后辈称之曰：'吴带当风，曹衣出水。'"[7] "曹衣出水"是指"曹仲达以细密的线条按人体的起伏结构勾勒衣纹，

① 中国壁画全集编辑委员会编：《中国新疆壁画全集·克孜尔2》，天津人民美术出版社，新疆美术摄影出版社，1995年，图38。
② ［唐］张彦远：《历代名画记》卷九《唐朝上·一百二十八人》，俞剑华注释，上海人民美术出版社，1964年，第172页。
③ 金维诺：《阎立本与尉迟乙僧》，载金维诺：《中国美术史论集（上）》，黑龙江美术出版社，2004年，第166页。
④ 林树中：《海外遗真·中国佛教绘画》，湖南美术出版社，2001年，图50。
⑤ ［元］汤垕《画鉴》，参见中国书画全书编纂委员会编：《中国书画全书》（第二册），上海书画出版社，1993年，第896页。
⑥ 王镛：《印度美术》，中国人民大学出版社，2010年，第166页。
⑦ ［宋］郭若虚：《图画见闻志》卷一《论曹吴体法》，参见米田水译注：《图画见闻志·画继》，湖南美术出版社，2000年，第37页。

充分显示人体的美感，犹如衣服被水浸湿一样紧贴身体。'曹衣出水'佛造像源自笈多式佛像，而后东传至中亚地区。按姜伯勤先生语：

图 3-4 《涅槃图》，约 4—6 世纪，克孜尔石窟第 17 窟后甬道，壁画，石窟原址

　　事实上这种"其体稠叠，衣服紧窄"的佛造像样式早在 4 世纪前克什米尔石佛、巴楚图木舒克出土木雕立佛、吐鲁番出土泥雕立佛已经出现。但当时在中原未形成主流。而北齐衣薄贴体，如出水的感觉才明显，始形成具有影响的时代样式。[①]（图 3-7）

---

① 姜伯勤：《中国祆教艺术史研究》，生活·读书·新知三联书店，2004 年，第 59 页。

　　曹仲达是已华化的中亚曹国①粟特人后裔，他绘制的佛像样式是一种北朝佛画风格样式，在北朝画工中有一定影响，②被后代奉为"曹家样"，③并直接影响了隋唐时期的佛教绘画。"曹衣出水"密集的线条排列特征同样源于印度及中亚的佛教样式，与尉迟乙僧"屈铁盘丝"式线条的密集排列特征类同，有着共同的源头。

　　综合目前已发现的出土品以及传世作品分析，源自于阗的"屈铁盘丝"式线条特征包括：

　　第一，用笔紧劲；

① 曹国：古国名，在那密北（今译泽拉夫尚河）南数里，与粟特的中心城市康国的撒马尔罕相距百里，故地在今乌兹别克斯坦。
② 《历代名画记》卷八："曹仲达，本曹国人也。北齐最称工，能画梵像，官至朝散大夫。"参见［唐］张彦远：《历代名画记》，俞剑华注释，上海人民美术出版社，1964年，第158页。
③ ［唐］张彦远：《历代名画记》卷二《叙师资传授南北时代》："曹创佛事画，佛有曹家样张家样及吴家样。"参见［唐］张彦远：《历代名画记》，俞剑华注释，上海人民美术出版社，1964年，第31页。曹仲达，师承出自南朝，"曹家样"是以众多样式为主体而在南朝文化氛围中加以贯通后形成的。参见罗世平：《青州北齐造像及其样式问题》，《美术研究》，2000年第3期，第51页。

图 3-5 《仿尉迟乙僧释迦出山图》（局部），陈用志（传）北宋，
绢本设色，高 70 厘米，宽 24 厘米，美国波士顿美术馆藏

图 3-6 《佛陀立像》，笈多王朝时代（5 世纪），红砂石雕像，高 183 厘米，贾马尔普尔出土，印度新德里总统府藏

图 3-7 《佛陀立像》，北齐，石灰质岩雕像，贴金彩绘，高 156 厘米，青州市龙兴寺出土，青州市博物馆藏

刘凤君：《佛教美术全集·11·山东佛教艺术》，文物出版社，2009 年，第 73 页

第二，线的粗细变化较小；

第三，线条组合稠密，如"曹衣出水"。

此外，"屈铁盘丝"式线条与中原的"铁线描"虽然在表面形态上有相似之处，但从内在气息上体悟是两种不同类型的线条。可以推想，中原顾恺之一脉的"高古游丝描"正是借鉴了"屈铁盘丝"式线条的外在特征，从而发展成为后来的"铁线描"，但在内在气息上仍然保持了中原审美观——以"一波三折"笔式终达"气韵生动"。从这层视角观察，于阗绘画中的"屈铁盘丝"式线条丰富了中原绘画的表现手段[①]。

"屈铁盘丝"式线条确与中原北齐盛行的"曹家样"、唐代尉迟乙僧的画风特征相似且有着共同的源头，在佛教美术传播的历程中为中国绘画增添了表现语言。"屈铁盘丝"式线条如一面镜像，映射着当时中外美术的交流与互动。

[①] 关于"屈铁盘丝"式线条与"铁线描"关系的论述参见拙作《关于克孜尔石窟壁画"屈铁盘丝"式线条的研究》，载敦煌研究院编：《敦煌壁画艺术继承与创新国际学术研讨会论文集》，上海辞书出版社，2008年，第272—280页。《关于龟兹石窟"屈铁盘丝"式线条相关问题的探讨》《新美术》，2009年第10期，第56—57页。

第二节 ✿ 风格大成

唐代拥有开放的文化姿态，西域画风在初唐流行的同时，中国文化体系下绘画风格的自我吸纳与融汇在唐时达到了顶峰，佛教艺术已经完全实现了中国化。魏晋南北朝时期形成的疏、密两种体式风范①至唐代已融汇升华。诚如罗世平先生所言：

> 密体画风开始吸纳书法用笔，首开以书法入画法的风气，疏体画风在吸收外来艺术手法的过程中强化了线条的结构功能。②

"疏密二体"在唐代发展成为具有时代标志的"吴家样"与"周家样"。

进入唐代，书法用笔与绘画用笔进一步结合，二者圆融相通，在佛教绘画笔法中表现明显。盛唐画圣吴道子"早年行笔差细，中年行笔磊落如莼菜条"③。该笔法与线法是吴道子熟练驾驭笔锋的提、按、顿、挫与掌控笔速的轻、重、徐、疾等书写笔法来表现物象的体式风范。故而画史中记载吴画"人物有

---

① "疏密二体"是唐代张彦远对魏晋南北朝至唐代以顾恺之、陆探微、张僧繇、吴道子为代表的画家在绘画上呈现出两种风格体式的高度总结与概括。《历代名画记》卷二《论顾陆张吴用笔》曰："顾陆之神不可见其盼际，所谓笔迹周密也。张吴之妙，笔才一二，像已应焉。离披点画，时见缺落，此虽笔不周而意周也。若知画有疏密二体，方可议乎画。"参见［唐］张彦远：《历代名画记》，俞剑华注释，上海人民美术出版社，1964年，第36页。
② 罗世平：《线描：中国画文脉传承的基石》，《美术研究》2008年第2期，第122页。
③ ［元］夏文彦《图绘宝鉴》卷二，参见中国书画全书编纂委员会编：《中国书画全书》（第二册），上海书画出版社，1993年，第852页。

图3-8 《持莲花菩萨立像》，佚名，晚唐、绢本设色，高62.5厘米、宽19厘米，出自敦煌莫高窟藏经洞，法国巴黎吉美博物馆藏（编号：EO.1170）

ジャック・ジエス：《西域美術：ギメ美術館ペリオ・コレクション》第 2 巻，東京：講談社，1994 年，図 18

八面，生意活动"[1]，"六法俱全，万象必尽，神人假手，穷极造化也"[2]，白画"笔力劲怒"[3]，天人"天衣飞扬，满壁风动"[4]，天王须"笔迹似铁"[5]。吴道子以书法入画法的笔法几乎影响了唐以后历代宗教绘画风范，一脉相承。唐宋时期的道释人物类"白画"与"白描"作品存有相当数量，自敦煌藏经洞发现的绢帛佛画，已透出吴道子穷极造化的特性（图3-8）。

英藏《观世音菩萨立像》（编号：S. P. 7 Ch. xviii. 003，图3-9）中菩萨左腿微曲，右腿直立，表现菩萨行进之姿，妙在留给观者以菩萨运动的想象空间。菩萨左手握衣带，右手捧红色莲花，尤其是行进的衣裙用笔与缠绕复杂的衣带用线极富动感，颇有吴道子笔下韵律风神之感。

观世音菩萨（图3-9-1）双目微垂，双足踏莲花，人物站立之姿有微微的扭动，飘带有风动之感。菩萨上身袒露，系外以胭脂色、内以石绿色填绘衣带，下身着朱膘色长裤，上点缀有头青

---

[1] [元]夏文彦《图绘宝鉴》卷二，参见中国书画全书编纂委员会编：《中国书画全书》（第二册），上海书画出版社，1993 年，第 852 页。
[2] 《历代名画记》卷一《论画六法》，参见[唐]张彦远：《历代名画记》，俞剑华注释，上海人民美术出版社，1964 年，第 24 页。
[3] [唐]段成式《寺塔记》卷上，参见[唐]段成式等撰：《寺塔记·益州名画录·元代画塑记》，秦岭云点校，人民美术出版社，1964 年，第 8 页。
[4] 同上书，第 15 页。
[5] 同上书，第 8 页。

图 3-9 《观世音菩萨立像》，佚名，唐代，绢本设色，高 57.5 厘米，宽 38.1 厘米，
出自敦煌莫高窟藏经洞，英国伦敦不列颠博物馆藏（编号：S. P. 7 Ch. xviii. 003）

ロデリック・ウィットフィールド編：《西域美術：大英博物館スタイン・コレク
ション》第 2 巻，講談社，1982 年，図 4

图 3-9-1 《观世音菩萨立像》（局部）

ロデリック・ウィットフィールド編：《西域美術：大英博物館スタイン・コレクション》第 2 巻，講談社，1982 年，図 4

色花纹，腰间系石绿色衣带，菩萨造型华美端严，设色浓丽丰艳，颇具周昉"衣裳劲简，色彩柔丽"之风。

吴道子书画用笔同源的笔式还可在天王、力士像中得见，图（编号：S. P. 132 Ch. xxvi. 002，图 3–10）中绘一身力士身体扭转，张口振臂，紧握双拳，眉目口鼻夸张，勾描用笔以提按鲜明有力的短线绘出，肌肉团块以低染兼高染法绘成，作品对唐代吴道子"莼菜条"式的笔意提供了精彩诠释。

敦煌藏经洞所出《天王像》残件（编号 S. P. 69 Ch. liv. 003，图 3–11），从线描、晕染与赋色的精细程度来看，是唐代天王像的上乘之作。图中天王茂盛的胡须以细密劲健的笔法勾描，胡须根根留空、顺势排列而出，可印证吴道子画天王力士"虬须云鬓，数尺飞动，毛

图 3–10《金刚力士像》，佚名，唐代，绢本设色，高 79.5 厘米，宽 25.5 厘米，出自敦煌莫高窟藏经洞，英国伦敦不列颠博物馆藏（编号：S. P. 132 Ch. xxvi. 002）

ロデリック・ウィットフィールド 编：《西域美術：大英博物館スタイン・コレクション》第 2 卷，東京：講談社，1982 年，図 58

图 3–11 《天王像》残件，佚名，唐代，绢本设色，高 63 厘米，宽 67 厘米，出自敦煌莫高窟藏经洞，英国伦敦不列颠博物馆藏（编号 S. P. 69 Ch. liv . 003）

ロデリック・ウィットフィールド編：《西域美術：大英博物館スタイン・コレクション》第 1 巻，東京：講談社，1982 年，図 66

根出肉，力健有余"[1] 的记载。天王手部以劲健有力且提按顿挫鲜明的短线勾出，表现天王的孔武有力，天王的铠甲与衣饰色彩华美，刻画精细，画面效果丰富。

以上两幅天王与力士绢画均精彩地呈现出盛唐画家吴道子用线激状律动的笔势，赋予对象强烈的运动感和节奏感，可谓古人评价吴道子用笔"一笔而成"[2] "气韵雄壮"[3] 与"落笔雄劲"[4] 的赞美之词。吴道子以书法入画法，用线渗透出强烈的情感，大大提高了艺术表现力，形成了盛唐佛教绘画的经典样式，为后世佛教绘画所承袭延传。

① 《历代名画记》卷二《论顾陆张吴用笔》，参见［唐］张彦远：《历代名画记》，俞剑华注释，上海人民美术出版社，1964 年，第 35 页。
② ［唐］朱景玄：《唐朝名画录》，参见何志明，潘运告编著：《唐五代画论》，湖南美术出版社，1997 年，第 85 页。
③ ［唐］张彦远：《历代名画记》，俞剑华注释，上海人民美术出版社，1964 年，第 177 页。
④ ［宋］郭若虚：《图画见闻志》，米田水译注，湖南美术出版社，2000 年，第 39 页。

第三节 ❀ 错金镂彩

谈及中国绢帛佛画的色彩之美，可用"错金镂彩"与"复归于朴"两种审美意向来概括。"错金镂彩"之美可从重彩的绢帛佛画中体悟，而"复归于朴"之美可在吴道子的"白画"与李公麟、梁楷、法常等画家传情达意的"白描"、"减笔画"与禅画中呈现。

在中国绘画史上首次提出"重彩"一词是晚唐张彦远《历代名画记》：

……"夫工欲善其事，必先利其器"：齐纨吴练，冰素雾绡，精润密致，机杼之妙也。武陵水井之丹，磨嵯之沙，越巂之空青，蔚之曾青，武昌之扁青，蜀郡之铅华，始兴之解锡，研炼澄汰、深浅、轻重、精粗，林邑、昆仑之黄，南海之蚁铆，云中之鹿胶，吴中之鳔胶，东阿之牛胶。漆姑汁炼煎并为重采郁而用之。古画不用头绿大青，取其精华，接而用之。①

按俞剑华先生的解释："漆姑汁是草名，又叫蜀羊泉，入中国药。古画皆用漆姑汁。若炼煎谓之郁色。于绿色上重用之。"② 此句意为唐人是在染好绿色后涂上煎炼好的漆姑汁，使原先的颜色变得更加浓郁。因此早先"重彩"一词本意是指在石色上涂漆姑汁后，画面上的颜色变得比先前颜色深沉浓郁，

---

① ［唐］张彦远：《历代名画记》卷二《论画体工用拓写》，俞剑华注释，上海人民美术出版社，1964年，第38—39页。
② ［唐］张彦远：《历代名画记》，俞剑华注释，上海人民美术出版社，1964年，第38—39页。

果，唐宋以来由壁画、屏风画、卷轴画与画幅等形式呈现。在元、明、清三代逐渐崇尚文人绘画以后，更多是由寺观壁画、建筑彩绘与民间年画等形式延续传承。

由此可见，在清及清代之前，古人因矿物质色彩厚重且具有覆盖性，称之为"重色"；多种矿物质色调胶及使用漆姑汁呈现的画面效果称为"重彩"。"重彩"在古代多指颜色尤其是石色浓艳厚重的视觉效果，"重彩画"在古代画史画论中并非作为一种画体概念，其作为画体概念是在 20 世纪后被提出 ③。本书

③ 明确提出"中国重彩画"概念的是中央美术学院蒋采萍教授，她于 1998 年提出"中国重彩画"概念。参见蒋采萍：《中国重彩画的失落与重现》，《艺术研究》，2007 年第 3 期，第 9 页。

图 3-12 《华严经十地品变相图》，佚名，晚唐至五代，绢本设色，出自敦煌莫高窟藏经洞，高 286 厘米、宽 189 厘米，法国巴黎吉美博物馆藏（编号：MG. 26465）

ジャック・ジエス：《西域美术：ギメ美術館ペリオ・コレクション》第 1 巻，講談社，1994 年，図 II

图 3-12-1 《华严经十地品变相图》(局部)

ジャック・ジエス:《西域美術:ギメ美術館ペリオ・コレクション》第 1 巻,講談社,1994 年,図Ⅱ

　　"重彩"起初并非是作为一种画体而提出的概念。

　　中国绘画史上"重色"一词是出现在清代张式的《画谭》:"石青、石绿、朱砂,谓之重色"①。这里将常用矿物质色取名为"重色"。清代沈宗骞《芥舟学画编》中提到:"凡著重色,皆须分作数层,每层必轻矾拂过,然后再上。树上及草地亦然。……若工致重色,则可粉铺其雪处。"② 在此,"重色"有厚重浓丽之意。

　　"重彩"与"重色"的概念在古代可理解为画面主要使用石色与金属色,使之呈现浓艳厚重的视觉效

① ［清］张式:《画谭》,参见俞剑华编著:《中国古代画论类编·下》(修订本),人民美术出版社,1957 年,第 1309 页。
② ［清］沈宗骞:《芥舟学画编》,参见俞剑华编著:《中国古代画论类编·下》(修订本),人民美术出版社,1957 年,第 1303 页。

所述及的绢帛佛画呈现出重彩画中的"错金镂彩"之美。

唐五代时期是重彩绢帛佛画发展的高峰，色彩上除大量使用多种水色与石色之外，堆金沥粉产生的视觉效果使画面更呈金碧辉煌之感。从流传至今的唐五代时期绢帛佛画可见，其在色彩的使用上可谓达到了顶峰。此时期的人物造型丰腴健美、雍容华贵，神态庄重典雅。由于颜料制作技术的发展已极大满足了绢帛佛画的需求，颜料种类已相当丰富，画家具有灵活地运用石色、水色与金属色等技巧，拥有了完备的重彩画制作技术，从而奠定了重彩画在中国传统绘画中的重要地位。

宋、元、明、清时期，水墨画的兴盛致使中国画坛逐渐形成文人画为主流的格局，崇尚"水墨致上""一挥而就"，轻视制作，摒弃色彩。当时工笔人物卷轴画多以墨笔淡彩为主，五代的周文矩以淡彩面目出现，至宋代李公麟更是创造出"扫去粉黛，淡毫轻墨"、不施丹青的"白描"画法。苏轼标榜"笔简意赅"的意笔画，至梁楷的人物画，用笔简洁明了。但对于绢帛佛画而言，"错金镂彩"之美并未式微，而上述李公麟与梁楷的绘画风格也同时影响了绢帛佛画的另一种审美范式。

唐代绘画的色彩体系达到了顶峰，在绢帛佛画中一直延续着"错金镂彩"之美的色彩体系。法藏敦煌藏经洞所出《华严经十地品变相图》（编号：MG. 26465，图 3-12）是根据《华严经》80 卷本描绘的变相图，全图分为 4 段，每段 3 图，共记 12 图，上 3 段以如来为中心，胁侍菩萨与弟子表现十地品，最下段画面中间主尊为毗卢遮那佛，左右对称绘制两身胁侍菩萨，左侧绘骑狮文殊菩萨及胁侍，右侧绘骑象普贤菩萨及胁侍，共同组成"华严三圣"（图 3-12-1）。唐开元年间长者李通玄首倡"三圣圆融"说，提出毗遮那佛、文殊菩萨与普贤菩萨三圣一体的崇拜对象格局，"华严三圣"之间有着四重圆融关系[①]，《华严经》表示的形象是以佛、文殊菩萨与普贤菩萨三圣为代表。继而中唐华严四祖澄观《三圣圆融观门》曰：

> 三圣者：本师毗卢遮那如来，普贤、文殊二大菩萨是也。……三圣之内，二圣为因，如来为果。果起言想，且说二因。若悟二因之玄微，则知果海之深妙。……二圣法门既相融者，则普贤因满，离相绝言，没因果海，是名毗卢遮那，光明遍照，唯证相应故。[②]

文殊菩萨与普贤菩萨代表修行过程为因，成就法身毗卢遮那佛为果。表现《华严

[①] 李通玄认为，华严三圣之间存在着主伴、因果、体用与理智四重关系，这四重关系体现了三圣之间圆融无碍的特点。参见邱高兴：《李通玄佛学思想述评》，中国人民大学博士学位论文，1996 年，第 32—35 页。
[②] 《大正新修大藏经》第 45 册，第 671 页。

134

图 3-13-1 《降魔成道图》（局部）

ジャック・ジエス：《西域美術：ギメ美術館ペリオ・コレクション》第 1 巻，講談社，1994 年，図 5

左：图 3-13 《降魔成道图》，佚名，五代，绢本设色，高 144 厘米，宽 113 厘米，出自敦煌莫高窟藏经洞，法国巴黎吉美博物馆藏（编号：MG. 17655）

ジャック・ジエス：《西域美術：ギメ美術館ペリオ・コレクション》第 1 巻，講談社，1994 年，図 5

经》宣扬释迦开悟以毗卢遮那如来言法界身，住华严藏世界，与文殊菩萨、普贤菩萨对说华严教义的内容，达成法身的思想由此产生。

《华严经十地品变相图》画面以大面积的暖色系为主调，辅以石青、石绿等冷色，佛陀均着朱砂色袈裟，佛陀的华盖，菩萨的华冠、璎珞珠串、莲花座等均以贴金与描金法制成，部分佛陀与菩萨的头光与身光、飞天流云以石青、石绿、朱砂与石黄等色叠晕而成，画面极富装饰华丽之感，是唐代以来绢帛佛画"错金镂彩"之美的经典之作。

法国巴黎吉美博物馆藏敦煌莫高窟藏经洞《降魔成道图》（编号：MG. 17655，图 3-13）画面中心为释迦牟尼结跏趺坐于菩提树下，作降魔印，佛陀身着金色祖右袈裟，内着朱地绿边团花僧祇支。头光与身光发出的光芒以朱、绿、白、蓝等色叠晕而成（图 3-13-1）。四周为持武器的众恶魔对佛陀作攻击状，佛像上方有八臂明王像，明王左右有天部诸神作护卫状。画面左右两竖条空间内共绘佛像十二身，画面下方绘有七宝[1]。画面以红、黑二

① 七宝，即轮宝、象宝、马宝、珠宝、女宝、主兵宝和居士宝。

135

色为主调，辅以青、绿等冷色，佛陀的头光与身光以朱砂、石青、石绿与石黄等色叠晕制成，画面极富装饰华丽之感，是唐代"错金镂彩"之美的延续。

至宋代，"错金镂彩"之美依然不减。《华严三圣像》（图3-14）中央绘佛陀结跏趺坐于硕大的白色莲花座之上，头戴宝花冠，头冠中央有坐佛，可判定此身像的尊格为毗卢遮那佛。佛座左右绘骑狮文殊菩萨与骑象普贤菩萨，文殊菩萨持如意，普贤菩萨持莲花，共同组成"华严三圣"像。

此图中人物构图安排极为考究，以毗卢遮那佛为中心，文殊菩萨与普贤菩萨紧随左右，形成极为规整的中轴对称式三角形构图，因而画面显得极为稳定，突出佛教绘画的神圣与庄严之美。毗卢遮那佛与趺坐的莲花座又形成一个稳定的三角形构图，增添了法身如来庄重威严之相。稳定庄严的人物安排以及一丝不苟的佛台描绘与佛光背后缭绕的祥云形成呼应，画面虚实相生，增添了无限的韵律之美。

此幅作品的色彩选择极为考究。白色、石青与金色大面积使用，朱砂、赭石与石黄等暖色系为辅，以白色晕染与平涂结合的技法绘制佛衣与莲花，表现出法身如来圣洁之气，佛陀身光大面积赋以石青色，显得静谧含蓄，流露出宗教绘画的神秘之美，再配以贴金、描金与涂金的手法，呈现出庄严华贵之风。画面以重层晕染与填色赋彩，充分利用了绢帛材质细腻温润的特点，色彩似从绢帛纤维中缓缓渗出，含蓄而又饱满，是为南宋绢帛佛画的经典之作。

图3-14 《华严三圣像》，佚名，南宋，绢本设色，高133.3厘米，宽83.3厘米，日本建长寺藏

林树中主编：《海外遗真·中国佛教绘画》，湖南美术出版社，2001年，图52

图3-15 《涅槃图》，吴彬，明代，绢本设色，高400.2厘米，宽208.4厘米，日本崇福寺藏

林树中主编：《海外藏中国历代名画·6·明（下）》，湖南美术出版社，1998年，图197

图3-15-1《涅槃图》
（局部）

林树中主编：《海
外藏中国历代名
画·6·明（下）》，
湖南美术出版社，
1998年，图197

　　明代绢帛佛画继承了唐宋遗风，吴彬绘《涅槃图》（图3-15）中佛陀侧卧于娑罗双树下，菩萨与弟子、诸神祇等纷纷前来对佛陀瞻仰举哀。画面以侧卧涅槃的释迦牟尼佛为中心展开全景式构图，娑罗双树、山石、云气间穿插有百余位人物形象，人物众多却不纷乱，体现出画家处理大场景构图的深厚功力。作者不仅将悲伤肃穆的举哀四众与已入平和安详之境的佛陀形成鲜明对比，而且不同于先前涅槃题材图式的处理，以世间侧卧舒睡的人物姿态表现佛陀的涅槃之相，尤其将佛陀衣袖垂搭在其侧卧巾毯之外的处理手法，不仅表现出佛陀从因缘轮回中超离解脱出世的超然情景，而且增添了世俗间的人情趣味（图3-15-1），是为画家苦心经营的得意之作。

　　明代朱谋垔《画史会要》记："吴彬，字文仲，闽人，万历时官中书舍人，善山水，布置绝不摹古，皆对真景描写故小势最为出奇，一时观者无不惊诧，能大士像亦能人物。"[1]

　　此幅作品设色浓艳，画家以朱砂、朱磦、赭石与石黄等暖色系为主，辅以头绿、二青、三青等冷色，再以墨色处理山石，画面色彩浓郁厚重，又不失庄重沉稳，虽为明代作品，却将唐人"错金镂彩"之美的色彩审美风尚延续而更具"中和之美"的儒家审美品格。

---

①　［明］朱谋垔：《画史会要》卷四，参见中国书画全书编纂委员会编：《中国书画全书》（第四册），
　　上海书画出版社，1993年，第575页。

第四节 ❀ 复归于朴

唐代画圣吴道子创立的"吴装"[1] 以轻晕薄染的赋彩方式突出了线描的表现力，至宋代李公麟在"吴装"基础上进一步将线条这一单纯的艺术元素升华，发展成传情达意的"白描"。此外，受禅宗思想影响，以五代石恪启之在先，南宋梁楷与法常倡之在后，形成了绢帛佛画中疏减达意的水墨体式，这些画家的作品均呈现出"复归于朴"的审美风尚。

吴道子的真迹今已不存，敦煌莫高窟藏经洞保存的"白画"多在纸本上绘制。本书所列敦煌藏经洞麻布绘画（编号：Д x 68，图 3-16），图中绘一身立姿十一面六臂观音像，头分三层共十一面，观音左侧上手托月轮、左侧中手握宝珠、左侧下手持杨柳枝；右侧上手托日轮，右侧中手拈花、右侧下手提水瓶，下部左右为供养人像，中央为发愿文，作品以线描为主，菩萨璎珞天衣有风动之感，头面部略施微染，颇有"吴装"风貌。

北宋时期李公麟擅绘佛像，在唐代吴道子"白画"基础上，创以"白描"形式，笔法如行云流水，全凭墨线运行，以浓淡、粗细、虚实、轻重、刚柔与曲直等富于韵律的笔法表现对象，意态生动传神。传为李公麟所绘的《维摩天女像》（图

---

① ［北宋］郭若虚：《图画见闻志》卷一《论吴生设色》："吴道子画，今古一人而已。爱宾称前不见顾、陆，后无来者，不其然哉！尝观所画墙壁间设色重处，多是后人装饰。至今画家有轻拂丹青者，谓之吴装（雕塑之像，亦有吴装）。"参见中国书画全书编纂委员会编：《中国书画全书》（第一册），上海书画出版社，1993 年，第 469 页。［元］夏文彦：《图绘宝鉴》卷二《唐》"吴道玄……早年行笔差细，中年行笔磊荡，如莼菜条。人物有八面，生意活动。其傅彩，于焦墨痕中略施微染，自然超出缣素，世谓之'吴装'。"参见中国书画全书编辑委员会编纂：《中国书画全书》（第二册），上海书画出版社，1993 年，第 852 页。

图 3-16 《十一面观音菩萨》，佚名，五代后周显德三年（956），麻布设色，高 142 厘米，宽 65.5 厘米，出自敦煌莫高窟藏经洞，俄罗斯圣彼得堡艾尔米塔什博物馆藏（编号：Д х 68）

林树中主编：《海外遗真·中国佛教绘画》，湖南美术出版社，2001 年，图 38

3-17）绘维摩诘居士侧身倚坐于榻上，似正与文殊菩萨论法，维摩诘旁站立一身天女。全画人物面容、胡须、衣纹、云气与床榻以多种笔法勾描，信笔书写，传情达意，不施晕染，含蓄精微。

王振鹏临金代马云卿《维摩不二图》中（图 3-18），坐于床榻之上的老者即维摩诘，褒衣博带，屈膝而坐，似在侃侃而谈，与对面的文殊菩萨辩法。王振鹏擅长界画，画风工致细密，自成一体，为著名的宫廷画家。据虞集《道园学古录》中记：

> 振鹏之学，妙在界画，运笔和墨，毫分缕析，左右高下，俯仰曲折、方圆平直、曲尽其体。而神气飞动，不为法拘。[1]

此图线描高度洗练、富有弹性、精彩之至，以多种笔法将维摩诘、菩萨、天王与僧人等形象的形体、质感、量感、动感、空间与风神描绘得栩栩如生。可见李公麟、马云卿与王振鹏绘制的佛教题材与笔法的传承脉络。

南宋时期的梁楷为"嘉泰"间画院待招，赐金带，不受，挂于院内，

---

① ［元］虞集：《道园学古录》卷一九《墓志铭·王知州墓志铭》，载《钦定四库全书》（文渊阁本）第 1207 册，商务印书馆，1983 年，第 275 页。

图 3-17 《维摩天女像》，佚名（旧传李公麟），宋，绢本白描，高 156 厘米，宽 105.2 厘米，日本东福寺藏

中国历代绘画图谱编辑组：《中国历代绘画图谱·人物鞍马》，上海人民美术出版社，1996 年，第 165 页，图 46

上：图 3-18 《维摩不二图》，王振鹏临金代马云卿，元代，绢本白描，高 34.8 厘米，长 207.1 厘米，美国纽约大都会艺术博物馆藏

上海博物馆：《翰墨荟萃：美国藏中国五代宋元书画珍品展》，上海书画出版社，2012 年 / Wen C. Fong, The Metropolitan Museum of Art, New York, *Beyond Representation: Chinese Painting and Calligraphy 8th-14th century*, New Haven and London: Yale University Press, 1992, pp. 332-333, Pl. 73

下：图 3-18-1 《维摩不二图》（局部）

上海博物馆：《翰墨荟萃：美国藏中国五代宋元书画珍品展》，上海书画出版社，2012 年 / Wen C. Fong, The Metropolitan Museum of Art, New York, *Beyond Representation: Chinese Painting and Calligraphy 8th-14th century*, New Haven and London: Yale University Press, 1992, pp. 332-333, Pl. 73

嗜酒，自号"梁疯子"。他善绘道释人物与山水，画风主要有两种面貌：一是较为细致的画法，谓之"细笔"，宗法唐代吴道子与北宋李公麟，衣褶作细长笔法，转折劲力，后世称"折芦描"，作品如《八高僧故事卷》；一是较为简洁的笔法，史称"减笔画"，继承五代石恪的画法，寥寥数笔，概括飘逸。南北朝时期疏体画风在梁楷绘画中演化为更为疏简的"笔不周而意周"体式，如梁楷《布袋和尚图》（图3-19）① 绘布袋和尚半身像，圆颅硕身，笑容可掬，以较工细笔法描绘眉目，以粗笔勾染衣服，泼墨淋漓。笔法虽粗细悬殊，却能和谐统一。另一幅《布袋和尚图》（图3-20）笔法更加放达，除五官绘制较为精致之外，全身以寥寥数笔勾勒，笔断意连，简约疏放，形成强烈奇特的对比效果。梁楷此种疏简的画风同样传达出丰富的笔意，为绢帛佛画注入了新的表现形式。

南宋末年僧人法常善画意笔人物，从梁楷"减笔画"变化而来。法常的绘画较梁楷稍有收敛，通过尚意的技法形态寄寓禅宗顿悟的思想境界。《观音图》（图3-21）中绘白衣观音端坐于溪边的岩石之上，观音神态端庄，作冥想状，旁置净瓶，身后为石崖，石上垂草野竹，间有淡淡烟岚。菩萨衣纹以淡墨意笔勾勒，线条圆润流畅；岩石以披麻皴法，用笔秀逸，画面气息清幽静穆，传达出

---

① 徐邦达：《中国绘画史图录·上》，上海人民美术出版社，1984年，图126。

左：图 3-19 《布袋和尚图》，梁楷，南宋，绢本水墨，高 31.3 厘米，宽 24.5 厘米，上海博物馆藏

右：图 3-20 《布袋和尚图》，梁楷，南宋，绢本水墨，高 82 厘米，宽 33.2 厘米，日本香雪美术馆藏

李福顺编著：《梁楷》，人民美术出版社，1986 年，第 16 页

图 3-21 《观音图》，法常，南宋，绢本水墨，高 171.2 厘米，宽 97.6 厘米，日本京都大德寺藏

徐邦达：《中国绘画史图录·上》，上海人民美术出版社，1984 年，图 139

空灵静谧的禅意。

元代画家颜辉善画道释人物，所作《水月观音》（图 3-22）有梁楷遗风，绘观音盘坐于山石之上，飞泉自山头直泻而下，观音姿态端正，神情安详，衣纹线条以粗笔勾勒、流畅自然，面部及鬓发以细笔勾描，间以淡墨晕染，辅以赭色薄施，衣纱透体，将周昉"水月观音"之体演化得更加舒简放达，邻水望月之姿的观音与作者传达的空境禅意相合。

自西域画风的盛行至唐代"吴家样"与"周家样"样式的完善，再至尚意的"白描"以及疏简放达的"减笔画"与禅画，中国绢帛佛画始终以开放包容的心态进行着"改梵为夏"之路，同时由于受到书法与禅宗思想的影响，出现了疏简禅意的画风。无论是佛教绘画中"错金镂彩"之美抑或是"复归于朴"之美，均是中国文化体系下审美体范的多样追求，自此形成了各时期异彩纷呈的佛教绘画。

图3-22 《水月观音》，颜辉（传），元代，绢本水墨淡彩，高111.2厘米，宽76.2厘米，美国纳尔逊美术馆藏

林树中主编：《海外藏中国历代名画·4》，湖南美术出版社，1998年，图75

第四章

往生净土

绢帛佛画的图式

引 言

敦煌莫高窟藏经洞出土的绢帛佛画中，有一类数量众多用于往生净土的功德绘画，图像中均在主要位置绘制净土世界中的佛陀与菩萨，而在相对固定的位置绘制功德主以及祈愿往生的信众，并有榜题与题记。此类功德佛画绘制精良，图式有迹可循。西夏时期黑水城遗址又出现了另一种构图的来迎图式绢画，这类绢帛佛画均表达了功德主往生净土的夙愿，本章即选取经典之作进行解读。

第一节　功德画图式

敦煌莫高窟藏经洞保存的绘有功德主的绢帛佛画通常是在举行法会活动时张挂于石窟或寺院中，待礼毕后收好，以备再次使用。[①]据李翎的研究，功德绢画的绘制过程，一般是画工存有一批当时流行的粉本，即事先绘制完成功德画的主尊与眷属，而在功德主的位置预留一定的空间。这样，在出资者提出要求后，画工便按照出资者需求的画像绘在事先预留的位置中，并按要求题好榜题与题记。[②]唐与五代时期敦煌藏经洞所出大量的功德绢画呈现出相似的图式，一般为主尊与眷属占据画面近五分之四的空间，流行的主尊题材多为观世音菩萨与地藏菩萨，主尊以及眷属下的中心留出发愿文位置，然后在下部发愿文左右对称绘制功德主、眷属或者功德主与地藏菩萨、观音菩萨等图像。功德主的身份上至当地官僚、贵族与高僧，下至普通百姓，其姿态为标准化样式，或跪或立，双手合掌或持长柄香炉，榜题中写明功德主的官职名称及作画缘起。与功德主对称绘制的观世音菩萨表达救渡济世与往生净土的夙愿，画地藏菩萨则与救渡地狱众生的信仰有关。

英藏敦煌藏经洞所出《四观音与文殊普贤菩萨图》（编号：S. P. 5 Ch.lv.0023，图4-1）绢画分上中下三部分，上部分并列

[①] 李翎与马世长推测：莫高窟洞窟内壁上存有木橛或钉子，可能就是当时张挂功德主绢画的。另外，藏经洞存世的功德主绢画保存较好，色彩鲜艳，故而认为这种功德主绘画非长期张挂，而是只用于法事活动中。参见李翎：《佛画与功德——以吉美博物馆藏第17775号绢画为中心》，载李翎：《佛教与图像论稿》，文物出版社，2011年，第60、63页。此外，在克孜尔石窟（如第188窟）主室前壁半圆形上部顶端的孔槽也有可能是为悬挂幡旛进行法事活动而做，因此可以将绢帛佛画与石窟空间建立起有机联系。
[②] 李翎：《佛画与功德——以吉美博物馆藏第17775号绢画为中心》，载李翎：《佛教与图像论稿》，文物出版社，2011年，第56—71页。

左：图 4-1 《四观音与文殊普贤菩萨图》，佚名，唐咸通五年（864），绢本设色，高 140.7 厘米，宽 97 厘米，出自敦煌莫高窟藏经洞，英国伦敦不列颠博物馆藏（编号：S. P. 5 Ch. lv. 0023）

ロデリック・ウィットフィールド編：《西域美術：大英博物館スタイン・コレクション》第 1 巻，講談社，1982 年，図 71

右：图 4-2 《千手千眼观音图》，佚名，五代后晋天福八年（943），绢本设色，高 123.5 厘米，宽 84.3 厘米，出自敦煌莫高窟藏经洞，法国巴黎吉美博物馆藏（编号：MG. 17775）

ジャック・ジエス：《西域美術：ギメ美術館ペリオ・コレクション》第 1 巻，講談社，1994 年，図 96

千手千眼观音图》（局部）

ジエス:《西域美術: ギメ美術館
レクション》第 1 巻, 講談社,
96

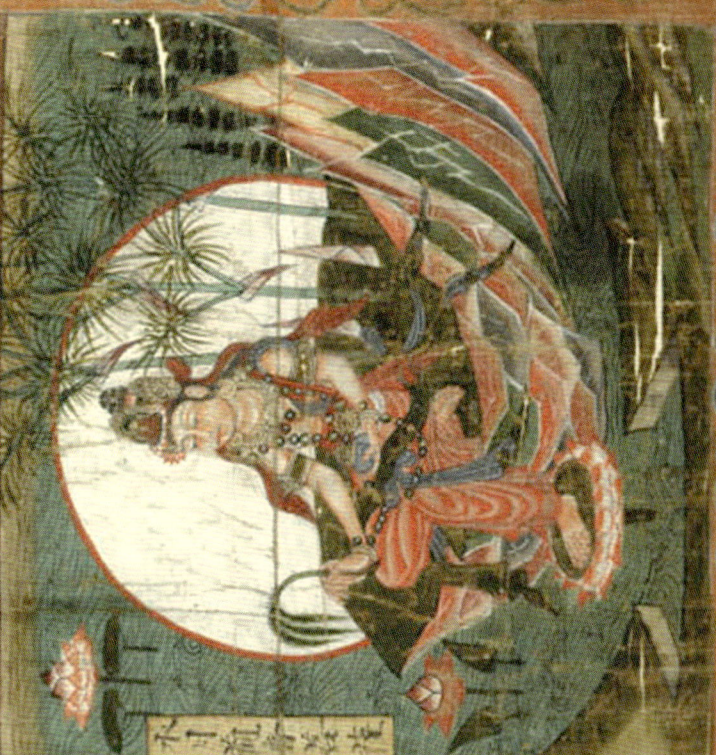

绘制四身立姿观世音菩萨像，根据榜题文字自右至左分别为："大悲救苦观世音菩萨""大圣救苦观世音菩萨""大悲十一面观音菩萨"与"大圣如意轮菩萨"。中部为骑狮文殊菩萨与骑象普贤菩萨及胁侍眷属，文殊菩萨与普贤菩萨坐骑均由昆仑奴牵引。下部为八身供养人画像，每身供养人旁有榜题框，两组供养人中间有题记，[①] 右侧为两身比丘与两身女性供养人，左侧为一身比丘与三身男性供养人。根据画中题记，该绢画为家族出资供养，绘于唐咸通五年（864）。该画风格精致细腻，体现出晚唐绘画水准。

法藏敦煌藏经洞所出《千手千眼观音图》（编号：MG. 17775，图 4-2）图式分为上下两部分，上图以一个白色粗边大圆为中心，内绘千手千眼观音端坐于莲台之上，菩萨头戴宝冠，手持各种法器（图 4-2-1）。圆圈之上绘华盖与双树，围绕圆圈周围绘制有四天王、婆薮仙、大辨才天女、日藏菩萨、月藏菩萨、辟毒金刚、火头金刚、大神金刚、密迹金刚、毗那世歌与毗那耶歌等众眷属。下部中间为发愿文，左侧绘一身女性形象，根据发愿文与榜题可知为功德主马千进的母亲阿张，该人物着白衣，右手持长柄香炉，左手指缝中香烟缭绕，面颊涂绘浓重的朱膘色，盘坐于有壸门的方榻之上，其身后绘有修竹与手捧包裹的婢女。右侧为水月观音像，左手持净瓶，右手持柳枝，于岩石上游戏坐，左足踏莲花，身后有圆光与修竹，以观音邻水望月之姿表明佛经中"诸法空相"之义理（图 4-2-2）。

绢画下部女性供养人与菩萨各有榜题框，题记录为：

　　亡姚三界寺大乘顿悟优／姨阿张一心供养
　　水月观音菩萨

绢画下部中心发愿文共十行，题记自左至右录为：

---

① 根据马德先生所录《四观音与文殊普贤菩萨图》（编号：S. P. 5 Ch.lv. 0023）绢画下部供养人题记自右至左依次为："衙前虞侯唐安谏""兄唐小晟一心供养""兄亡将唐我一心供养""父僧神威一心供养""比丘尼妙义一心供养""尼福妙一心供养""母鞠氏一心供养""阿妇什三娘一心供养"。中间榜题自右至左依次为："一为当今皇帝；二为本使司空；三为先亡父母及合……无之（诸）灾障…… 咸通五年……"参见马德：《敦煌绢画题记辑录》，《敦煌学辑刊》，1996 年第 1 期，第 137 页。

图 4-2-1 《

ジャック・ ペリオ・ 1994 年，図

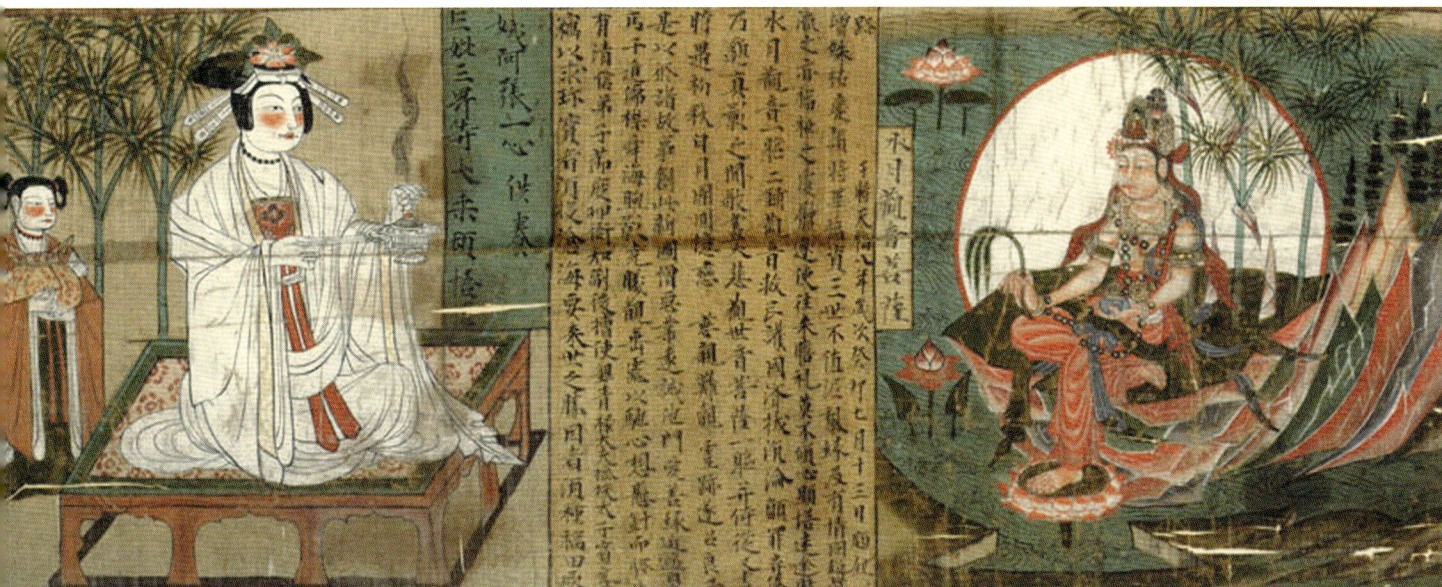

图 4-2-2 《千手千眼观音图》（局部）

ジャック・ジエス：《西域美術：ギメ美術館ペリオ・コ
レクション》第 1 巻，講談社，1994 年，図 96

窃以求珍宝者须投沧海要来世之胜因者须种福田厥

有清信弟子节度押卫知副后槽使银青（光）禄大夫检校太子宾客

马千进儒襟舜海煦影尧曦睹垂露以驰心想悬针而驿虑

是以修诸故事创此新图憎恶业远诚他门爱善缘近逼自户

时遇初秋白月团圆忆恋 慈亲难睹灵迹遂召良工

乃邀真影之间敬画大悲观世音菩萨一躯并侍从又画

水月观音一身二辅观音救民护国济拔沉沦愿罪弃倦

流亦迹福祉之覆体遂使往来瞻礼莫不倾心愿悟迷途暗

增殊佑庆赞将毕福资三世不值泥黎缘及有情同超觉

路于时天福八年岁次癸卯七月十三日题记。

　　根据画中题记中可知，该画是功德主马千进为盂兰盆节法会时纪念亡母阿张发愿而作，图中选择两身观音（千手观音与水月观音）题材，希冀救民护国济拔沉沦，以发弃罪之愿。

　　法藏敦煌藏经洞所出另一幅《千手千眼观音图》（编号：MG. 17659，图 4-3）的图式与上图类似，亦分为上下两部分，千手千眼观音跣足立于莲台之上，周围绘众多赴会的五方佛、菩

157

萨、天王、金刚、夜叉等神祇。[1]下部横向分为三部分，中间为"功德记"，主要记功德主题名、官职及作画时间。[2]左侧为施主樊继寿及侍从供养像[3]，右侧绘地藏菩萨、道明和尚与金毛吼狮子。[4]此画线条细劲流畅，色彩绚烂、绘制精工，是北宋时期佛教功德绢画的经典之作。

法藏敦煌藏经洞所出《披帽地藏菩萨图》（编号：MG. 17664，图4-4）绘地藏菩萨半跏趺坐于岩石座上，头裹黑巾，着云水纹纳衣，左手持摩尼宝珠，右手持锡杖，地藏菩萨有头光和身光，身光两侧放射出带状五彩云波纹，其中分别绘天、人、阿修罗、畜生、饿鬼与地狱等六道图像。地藏菩萨两旁是手持纸卷的童子。画面下部绘供养人像，右侧为二身比丘与一位男性供养人；左侧为一身比丘、一位妇女与一儿童。

以上功德主绢帛佛画作品均遵循着固定图式，即上下结构。上部菩萨像占据画面的主要空间，下部为供养人，中间留有题记位置。创作过程中上部或为画工事先绘制完成，预留下部的供养人与题记，画工根据功德主的诉求再次绘制完成。该类绢画体现出当时流行的宗教信仰，承载了功德主多样的需求向往，鲜活地再现出中土信众的生活面貌。

---

① 根据笔者识读，榜题有：五方佛、华严菩萨、如意轮观音、不空羂索观音、慈氏菩萨、莲华胜菩萨、孔雀王菩萨、金翅鸟王菩萨、婆薮仙、东方提头咤天王、南方毗楼勒叉天王、西方毗楼博叉天王、北方大圣毗沙门天王、赤声（火）金刚、辟毒金刚、帝释天、摩醯首罗天、功德天女、欲界天女、降三世（明王）、三昧世尊、飞仙、毗那鬼父、夜迦鬼母等。

② 根据马德先生所录，该绢画下部供养人题记自左至右依次为："前帧绘大悲菩萨铺变邈真功德记并序；节度押衙知上司书于银青光禄大夫检校国子祭酒汜彦兴上；闻大悲愿重过无量劫而厌涅槃菩萨功深现有相身而；世界开方便口随根说於顿渐法门发愍心逐物兴於大小；变出生入死拔苦而除三毒根引智牵愚兴乐而归八胜处；得万行充於六道道则福消灾千眼照於十方方方则明；暗是以穷年历劫 帝主人伦竟信於摸镂真争敬；□图宝相逅可容仪则盛侧塞满於九垓形像则繫充启蒙合；五服粤有都头继寿灵苗化美市价重於黄金秀族果甜利贵；於白玉眉门望财智人降递顺宗裔则坚士生来受身负於性灵长养含於心息；□学业大体求文探迹九经之书训习八门之理笔峰则快翻句知於鹤凫峰腰口；则尖含章妙於联珠缀玉实可八文者才胜邑内传名出武者功高军外扬德可；超群越众择艺封官曾选到於案因用勤劳於军国数年辅佐难亏忠孝之□；某日驱驰易辨始终之力即超本务转受高班同坐贸察之庭分受；□王之宽爵则极外障则身中开凡夫之心情瞥其荣辱悟流亡之过患结其；□因又闻在生作於福田所获利而独自受没后成於胜善其得报布被他分今则；□轻薄之资财投释风之道会命丹青笔染绢帛间邈菩萨尊绘待圣；□相辉辉而洞明境界似活形仅昱显而夺人眼疑生容貌去人口胆之获；福来客礼之消峡既胜之善圆合叹申之回向伏愿悲心护卫合郡；之人众近安慈力匡挂宫殿之公侯远寿义为己躬者生前则於；身命职位转高而有坚没后则接於灵魂学果熟成於无漏合家骨肉乐；昌於百年遍族姻亲荣贵坚於七代致使亡过宗祖凭期善而舍轮回但是；法界众生赖胜因而趣佛道；于时太平兴国六年辛巳岁六月丁卯朔十五日辛巳题记"。参见马德：《敦煌绢画题记辑录》，《敦煌学辑刊》，1996年第1期，第144—145页。

③ 题记录为："施主节度都头银青光禄大夫检校国子祭酒兼御史中丞樊继寿一心供养"。

④ 题记录为："地藏菩萨来会鉴物时""道明和尚却返时""金毛狮子助圣时"。

図4-3《千手千眼观音图》，佚名，北宋太平兴国六年（981），绢本设色，高189.4厘米，宽124厘米，出自敦煌莫高窟藏经洞，法国巴黎吉美博物馆藏（MG. 17659）

ジャック・ジエス：《西域美術：ギメ美術館ペリオ・コレクション》第1卷，講談社，1994年，図98

图 4-4 《披帽地藏菩萨图》，佚名，北宋，绢本设色，高 76.7 厘米，宽 58.7 厘米，出自敦煌莫高窟藏经洞，
法国巴黎吉美博物馆藏（编号：MG. 17664）

ジャック・ジエス：《西域美術：ギメ美術館ペリオ・コレクション》第 2 卷，講談社，1994 年，図 60

第二节

引路菩萨图式

西方净土信仰进入唐代进一步盛行之后，在敦煌莫高窟藏经洞中出现了众多引导逝者往生西方净土的"引路菩萨"绢画，遵循着固定图式。

"引路菩萨"绢画中的母题图像选取观世音菩萨，菩萨头冠上为化佛，[①]手持香炉、莲花或代之引路长幡。菩萨身后为引导升天的世俗人物。

英藏敦煌藏经洞所出《引路菩萨图》（编号：S. P. 47 Ch.lvii. 002，图4-5）绘观世音菩萨为信众亡灵引路往升极乐世界（Sukhāvatī）的场景。图中左上角的金云中绘佛国建筑，代表净土世界，菩萨身后跟随的梳高髻女子为逝者形象。本图中的菩萨，左手持莲花，右手持香炉，莲花上悬挂着白色幡，香烟缭绕直达上方金色彩云，菩萨周围处处飘扬飞舞的花朵。画面右上角有榜题，残存有"引路菩"三字。该画色彩华丽，从手持的香炉至菩萨佩戴的珠宝以及头顶戴的宝冠均使用了金箔，菩萨身后追随的妇人从其华丽的衣着以及精致的面容来看，应为贵族妇女。[②]

在敦煌藏经洞所出绢本与纸本"引路菩萨"题材作品中，该图是表现菩萨形象最为完整的一幅，又是有"引路菩（萨）"

① 《佛说观无量寿佛经》中明确记有观世音菩萨头冠上的化佛，经中云："观世音菩萨面如阎浮檀金色；眉间毫相备七宝色，流出八万四千种光明；一一光明、有无量无数百千化佛；一一化佛，无数化菩萨以为侍者，变现自在满十方界。臂如红莲花色，有八十亿微妙光明，以为璎珞；其璎珞中，普现一切诸庄严事。手掌作五百亿杂莲华色；手十指端，一一指端有八万四千画，犹如印文。一一画有八万四千色；一一色有八万四千光，其光柔软普照一切，以此宝手接引众生。"参见［南朝宋］疆良耶舍译：《佛说观无量寿佛经》，《大正新修大藏经》第12册，第343页。

② 杨树云：《从敦煌绢画〈引路菩萨〉看唐代的时世妆》，《敦煌学辑刊》，1983年第0期，第92—97页。

图 4-5 《引路菩萨图》，佚名，唐代，绢本设色，高80.5 厘米，宽 53.8 厘米，出自敦煌莫高窟藏经洞，英国伦敦不列颠博物馆藏（编号：S. P. 47 Ch.lvii. 002）

Marc Aurel Stein, *The Thousand Buddhas: Ancient Buddhist Paintings from the Cave Temples of Tun-huang*, London: Bernard Quaritch, 1921, Pl. XXXVIII

题记的唯一作品。图式固定，前面描绘身量硕大的菩萨，其后跟随往生者小型的身形，两者均乘于云气之上。菩萨华美端严，头部面向恭敬的往生者，人物神态间顾盼呼应，胭脂色的云气纹将观音菩萨与往生妇人包裹连接，使得画面完整统一。

与上图图式类似，英藏敦煌藏经洞所出另一件《引路菩萨图》（编号：S. P. 46 Ch. lvii. 003，图4-6）中菩萨足踏双莲花，右手持长竿经幡扛于肩上，竿头的金钩上悬挂着摇曳的幡巾。幡尾和幡脚上贴小菱形碎箔，幡身中绘红色类似文字符号式图形，与实物幡类似。[①] 菩萨与其后追随的贵妇人乘以淡彩晕染的祥云之上。菩萨上半身扭转，头部微微面向观者，不似上图的菩萨完全回头遥望其身后的妇人。妇人昂首，挺身恭立，与上图妇人受到菩萨的保护和引导，低头行进的娴静姿态形成鲜明对比。

法藏敦煌藏经洞所出《引路菩萨图》（编号：MG. 17657，图4-7）中菩萨左手持香炉，右手扛龙首幡杆，经幡随风飘扬，菩萨着朱砂色花裙，上点缀有石青色花瓣纹，菩萨肌肤以淡红色低染而成，持伞盖侍女先导在前，虔诚合掌往生的男子紧随其后，足下流云飘动，空中乐器不鼓自鸣，象征净土世界的楼阁掩于云中显现。根据题记"女弟子康氏奉为亡夫隙诠画引路菩萨一尊一心供养"，可知此图是康氏女希冀亡夫往生极乐所作的功德画。

接引众生往生西方极乐世界的"引路菩萨"在图像上逐渐形成一种固定样式，在唐五代时期广为流布。

图4-6 《引路菩萨图》，佚名，五代，绢本设色，高84.5厘米，宽54.7厘米，出自敦煌莫高窟藏经洞，英国伦敦不列颠博物馆藏（编号：S. P. 46 Ch. lvii. 003）

ロデリック・ウィットフィールド编：《西域美術：大英博物館スタイン・コレクション》第2卷，講談社，1982年，图10

---

① 参见本书第一章图1—9（第25页）。

图 4-7 《引路菩萨图》，佚名，五代，绢本设色，高94.5厘米，宽53.7厘米，出自敦煌莫高窟藏经洞，法国巴黎吉美博物馆藏（编号：MG. 17657）

ジャック・ジエス：《西域美術：ギメ美術館ペリオ・コレクション》第2卷，講談社，1994年，图69

第三节

净土经变图式

绢帛佛画中有一类表现十方佛国的作品，形象地表达出往生净土世界的希冀，可称之为净土经变佛画。《楞严经》称：

> 世为迁流，界为方位。汝今当知：东西南北，东
> 南西北，上下为界，过去未来现在为世。①

净土思想认为娑婆世界以外的大千十方世界遍布着数亿个佛国，称为净土世界。该世界绚丽多彩，是大乘佛教宣讲的脱离垢染、苦难与烦恼之处，是信仰净土的善男信女的理想佛国。净土思想广为传播，自魏晋时期以来，逐渐形成信仰净土并愿得往生的庞大信众群体。中国主要流行的是对弥勒净土、阿弥陀净土与药师净土的推崇。至唐代，作为传播并修习往生净土世界的途径，观想净土类变文与变相的修行方式逐渐成熟。②《弥勒净土变》《西方净土变》与《东方净土变》无论从文献记载还是传世作品来看，内容与含义均异常丰富。③

---

① 唐天竺沙门般剌蜜帝译：《大佛顶如来密因修证了义诸菩萨万行首楞严经》卷四，《大正新修大藏经》第19册，第122页。
② 关于"变文"与"变相"的讨论，参见巫鸿：《何为变相？——兼论敦煌艺术与敦煌文学的关系》，载［美］巫鸿著，郑岩、王睿编：《礼仪中的美术——巫鸿中国古代美术史文编》（下册），郑岩等译，生活·读书·新知三联书店，2005年，第346—404页。
③ 其他经变题材如：《法华变》《华严变》《观音变》《文殊变》《普贤变》《维摩变》《报恩变》《天请问变》《金刚变》《楞伽变》《思益梵天变》《密严变》与《父母恩重变》等。

一、弥勒净土变

弥勒（Maitreya），意译慈氏，作为释迦牟尼佛的继任者身份出现。弥勒信仰在早期佛经中已有相关记载，如东汉安世高译《大乘方等要慧经》[①]与《佛说长者子制经》[②]，东汉支娄迦谶译《道行般若经》[③]《佛说伅真陀罗所问如来三昧经》[④]与《杂譬喻经》[⑤]等。此后关于弥勒的独立经本出现，主要分为弥勒上生经典和弥勒下生经典。在现存汉译本中，上生经本一部，为南朝宋沮渠京声译《佛说观弥勒菩萨上生兜率天经》一卷[⑥]；下生经本五部，为西晋竺法护译《佛说弥勒下生经》一卷[⑦]，失译者译《佛说弥勒来时经》一卷[⑧]，后秦鸠摩罗什译《佛说弥勒大成佛经》一卷[⑨]与《佛说弥勒下生成佛经》一卷[⑩]，唐义净译《佛说弥勒下生成佛经》一卷[⑪]。其中，以《佛说观弥勒菩萨上生兜率天经》《佛说弥勒大成佛经》与《佛说弥勒下生成佛经》最为流行。

弥勒上生经主要讲述：弥勒生于南天竺婆罗门家，皈依为释迦牟尼佛弟子，先佛入灭，上生至庄严相好的兜率天宫（Tuṣita），以菩萨的果位为天众宣说佛法，且在此住持 56 亿年后重新来到娑婆世界成佛。因而，信众将追随弥勒菩萨进入兜率天宫且得到弥勒的救度成为归宿。

弥勒下生经主要讲述：弥勒见娑婆世界已为净土，[⑫]从而下生。弥勒投胎至翅头末城名曰妙梵家为子，长大后，弥勒目睹婆罗门拆毁宝幢，遂感人生无常如宝幢，进而出家修行，成道后，

---

① ［东汉］安世高译：《大乘方等要慧经》，《大正新修大藏经》第 12 册。
② ［东汉］安世高译：《佛说长者子制经》，《大正新修大藏经》第 14 册。
③ ［东汉］支娄迦谶译：《道行般若经》，《大正新修大藏经》第 8 册。
④ ［东汉］支娄迦谶译：《佛说伅真陀罗所问如来三昧经》，《大正新修大藏经》第 15 册。
⑤ ［东汉］支娄迦谶译：《杂譬喻经》，《大正新修大藏经》第 4 册。
⑥ ［南朝宋］沮渠京声译：《佛说观弥勒菩萨上生兜率天经》，《大正新修大藏经》第 14 册。
⑦ ［西晋］竺法护译：《佛说弥勒下生经》，《大正新修大藏经》第 14 册。
⑧ 失译者译：《佛说弥勒来时经》，《大正新修大藏经》第 14 册。
⑨ ［后秦］鸠摩罗什译：《佛说弥勒大成佛经》，《大正新修大藏经》第 14 册。
⑩ ［后秦］鸠摩罗什译：《佛说弥勒下生成佛经》，《大正新修大藏经》第 14 册。
⑪ ［唐］义净译：《佛说弥勒下生成佛经》，《大正新修大藏经》第 14 册。
⑫ 《佛说弥勒大成佛经》记："快乐安稳，亦无寒热风火等病，无九恼苦，寿命具足八万四千岁，无有中夭，人身悉长一十六丈，日日常受极妙安乐，游深禅定以为乐器。唯有三病：一者饮食，二者便利，三者衰老；女人年五百岁尔乃行嫁。"参见《大正新修大藏经》第 14 册，第 429 页。

弥勒进行了三次说法，分别度96亿、94亿和92亿人得阿罗汉道，即"龙华三会"。迦叶在耆阇崛山传授弥勒释迦牟尼佛的袈裟，谓之"衣钵相传"。

据文献记载，隋唐两京地区的寺院多绘有弥勒变相。西京长安道政坊宝应寺及千佛寺的西塔院记韩幹绘《弥勒下生经变》[①]，东都洛阳敬爱寺绘有《弥勒经变》[②]。盛唐以后，弥勒经变着重表现下生世界的场景。敦煌藏经洞保存有较完整的《弥勒净土图》绢画数件，多为弥勒下生经变。

俄藏敦煌藏经洞所出《弥勒经变》残件（编号：Д x 15/224，223，图4-8）绘供养菩萨、力士与信众，图中仕女头挽高髻，呈跪姿礼佛，婆罗门正在拆宝幢。根据残件图像所现，原画或表现的是弥勒下生净土经变的内容。

英藏敦煌藏经洞所出《弥勒下生经变》绢画（编号：S. P. 11 Ch. lviii. 001，图4-9）保存完整，全图表现弥勒下生场景。中间为弥勒佛与二胁侍菩萨、二弟子、二天王、二力士、供养菩萨、天人等侍众，最外侧对称绘制两身佛陀，整组画面以梯形构图表现了在华林园龙华树下弥勒三次说法会的场景，《佛说弥勒大成佛经》记：

① ［唐］段成式《寺塔记》卷上："道政坊宝应寺。韩幹、蓝田人，少时常为贳酒家送酒。王右丞兄弟未遇，每一贳酒漫游，幹常征债于王家。戏画地为人马，右丞精思丹青，奇其意趣，乃岁与钱二万，令学画十余年。今寺中释梵天女，悉齐公妓小小等写真也。寺有韩幹画下生帧，弥勒衣紫袈裟，右边仰面菩萨及二狮子，犹入神。"参见［唐］段成式等撰：《寺塔记·益州名画录·元代画塑记》，秦岭云点校，人民美术出版社，1964年，第12页。《历代名画记》卷三《记两京外州寺观画壁》："西塔院玄宗皇帝题额。北廊堂内南岳《智顗思大禅师》《法华七祖及弟子影》（弟子寿王主簿韩幹敬貌，遗法弟子沙门飞锡撰颂并书）绕塔板上《传法二十四弟子》（卢棱伽、韩幹画，里面吴生画时，菩萨现吴生貌）。塔北《普贤菩萨》《鬼神》似是尹琳画（相传云是杨廷光画，画时笔端舍利从空而落）。塔院门两面内外及东西向里各四间，吴画《鬼神》《帝释》（极妙）。塔院西廊（沙门怀素手书）《天师真》韩幹画。此东塔玄宗感梦置之。《楚金真》吴画。《弥勒下生变》（韩幹正画，细小稠闹）。院门北边碑（颜鲁公书，岑勋撰）。南边碑（张芬书）。向里面壁上碑（吴通微书，僧道秀撰）。造塔人（木匠李伏横）。石作（张爱儿）。石井栏篆书（李阳冰书，石作张爱儿）。东阁萧宗置（面东碑韩释木八分书，王据撰）。天台《智者大师碑》（张芬书）。佛殿东院西行南院（殿内有李绘画《普贤菩萨》，田琳画《文殊师利菩萨》）。"参见［唐］张彦远著，俞剑华注释：《历代名画记》，上海人民美术出版社，1964年，第66页。
② "敬爱寺……西禅院北壁《华严变》（张法受描）。北壁门西一间《佛会》及《山水》（何长寿描），人物等（张法受描，赵龛成）。东西两壁《西方弥勒变》，并禅院门外道西《行道僧》（并神龙后王韶应描，董忠成）。禅院内西廊壁画（开元十年吴道子描）《日藏月藏经变》及《业报差别变》（吴道子描，翟琰成。罪福报应是维手成，所以色损也）。东禅院殿内《十轮变》（武净藏描）。"参见［唐］张彦远著，俞剑华注释：《历代名画记》，上海人民美术出版社，1964年，第72页。

图4-8 《弥勒经变》，晚唐，绢本设色，尺寸不详，出自敦煌莫高窟藏经洞，俄罗斯圣彼得堡国立艾尔米塔什博物馆藏（编号：Д x 15/224，223）

俄罗斯国立艾尔米塔什博物馆、上海古籍出版社编：《俄罗斯国立艾尔米塔什博物馆藏敦煌艺术品·Ⅰ》，上海古籍出版社，1997年，图45

图 4-9 《弥勒下生经变》，晚唐至五代，绢本设色，高 138.7 厘米，宽 116 厘米，出自敦煌莫高窟藏经洞，英国伦敦不列颠博物馆藏（编号：S. P. 11 Ch. lviii. 001）

ロデリック・ウィットフィールド 編:《西域美術：大英博物館スタイン・コレクション》第 2 巻，講談社，1982 年，図 12

尔时，弥勒佛如是开导，安慰无量诸众生等，令其欢喜。彼时众生，身纯是法，心纯是法，口常说法，福德智能之人充满其中，天人恭敬，信受渴仰。时，大导师各欲令彼闻于往昔苦恼之事，复作是念："五欲不净，众苦之本。"又能除舍忧戚愁恨，知苦乐法，皆是无常，为说："色、受、想、行、识，苦空、无常、无我。"说是语时，九十六亿人不受诸法，漏尽意解，得阿罗汉，三明六通，具八解脱。三十六万天子、二十万天女，发阿耨多罗三藐三菩提心。天龙八部中，有得须陀洹者、种辟支佛道因缘者、发无上道心者，数甚众多不可称计。

尔时，弥勒佛与九十六亿大比丘众，并穰佉王八万四千大臣、比丘眷属围绕，如月天子诸星宿从，出翅头末城，还华林园重阁讲堂。时，阎浮提城邑聚落，小王长者及诸四姓，皆悉来集龙华树下花林园中。

尔时，世尊重说四谛、十二因缘，九十四亿人得阿罗汉；他方诸天及八部众六十四亿恒河沙人，发阿耨多罗三藐三菩提心，住不退转。

第三大会，九十二亿人得阿罗汉；三十四亿天龙八部发三菩提心。

时，弥勒佛说四圣谛深妙法轮，度天人已，将诸声闻弟子、天龙八部一切大众，入城乞食，无量净居天众，恭敬从佛入翅头末城。当入城时，佛现十八种神足，身下出水，如摩尼珠，化成光台，照十方界；身上出火，如须弥山，流紫金光；现大满空，化成琉璃；大复现小，如芥子许，泯然不现；于十方踊，于十方没，令一切人皆如佛身。种种神力，无量变现，令有缘者皆得解脱。[①]

该绢画中心以三身佛呈三角形排列表现"龙华三会"图式，与同期莫高窟壁画《弥勒下生经变》"龙华三会"图像构图类似（图4-10）。

此外，在编号 S. P. 11 Ch. lviii. 001（图4-9）绢画上部表现的是弥勒下生婆婆世界的场景，如"老人入墓""一种七收"与"树上生衣"等情节。例如"老人入墓"画面墓室内坐一年老夫妇，一女子送老人入墓。在《佛说弥勒大成佛经》可见此描述。[②]

---

① ［后秦］鸠摩罗什译：《佛说弥勒大成佛经》，《大正新修大藏经》第14册，第432页。
② ［后秦］鸠摩罗什译：《佛说弥勒大成佛经》："舍利弗！四大海水面，各减少三千由旬，时阎浮提地纵广正等十千由旬，其地平净如流璃镜。大适意华、悦可意华、极大香华、优昙钵花、大金叶华、七宝叶华、白银叶华，华须柔软状如天缯；生吉祥果，香味具足，软如天绵。丛林树华，甘果美妙，极大茂盛，过于帝释欢喜之园，其树高显，高三十里。城邑次比，鸡飞相及，皆由今佛种大善根，行慈心报，俱生彼国。智慧威德，五欲众具，快乐安隐，亦无寒热风火等病，无九恼苦，寿

在该绢画中，"弥勒三会"说法的中心表现的是弥勒下生后的净土世界，诚如佛经所记：

> 我今为汝，粗略说彼国界城邑富乐之事。其诸园林，池泉之中，自然而有八功德水、青、红、赤、白、杂色莲花，遍覆其上。其池四边，四宝阶道，众鸟和集，鹅、

图 4-10 《弥勒下生经变》，中唐，莫高窟231窟北壁，壁画，石窟原址

敦煌研究院主编：《敦煌石窟全集6·弥勒经画卷》，香港商务印书馆，2002年，第116页，图100

命具足八万四千岁，无有中夭，人身悉长一十六丈，日日常受极妙安乐、游深禅定以为乐器。唯有三病：一者饮食，二者便利，三者衰老；女人年五百岁尔乃行嫁。"参见《大正新修大藏经》第14册，第429页。

鸭、鸳鸯、孔雀、翡翠、鹦鹉、舍利、鸠那罗、耆婆耆婆等，诸妙音鸟，常在其中，复有异类妙音之鸟，不可称数。果树香树，充满国内。尔时阎浮提中，常有好香，譬如香山，流水美好，味甘除患，雨泽随时，谷稼滋茂，不生草秽，一种七获，用功甚少，所收甚多，食之香美，气力充实。①

画面下部以硕大的灯轮为中心对称绘制两组剃度出家的场景，这是《弥勒净土变》中标志性的图像，根据佛经记载：

> 复有八万四千诸婆罗门，聪明大智，于佛法中亦随大王出家学道。复有长者名须达那，今须达长者是，亦与八万四千人俱共出家。复有梨师达多、富兰那兄弟，亦与八万四千人俱共出家。复有二大臣：一名梵檀末利、二名须曼那——王所爱重——亦与八万四千人俱，于佛法中出家学道。转轮王宝女名舍弥婆帝，今之毗舍佉母是也，亦与八万四千婇女俱共出家。穰佉太子名天金色，今提婆婆那长者子是，亦与八万四千人俱共出家。弥勒佛亲族婆罗门子名须摩提，利根智慧，今㸤多罗善贤比丘尼子是，亦与六万人俱，于佛法中俱共出家。穰佉王千子，唯留一人用嗣王位，余九百九十九人，亦与八万四千人，于佛法中俱共出家。如是等无量亿众，见世苦恼，五阴炽然，皆于弥勒佛法中俱共出家。②

总之，整铺画面将弥勒下生世界中的种种奇妙祥和之境与弥勒自身说法传道的场景表现得淋漓尽致，是遗存《弥勒净土变》绢画的精品之作。

二、西方净土变

在中国，西方净土信仰是诸净土信仰中最盛行的一种。阿弥陀佛是西方净土世界的教主，故又称阿弥陀信仰。概言之，即信众信奉阿弥陀佛以求死后往生西方极乐世界的信仰。阿弥陀净土思想自东汉始传入中国，经惠远、昙鸾、道绰、善导与法照等法师的发展至隋唐时期达到鼎盛，后发展出中国佛教史上的重要宗

---

① ［后秦］鸠摩罗什译：《佛说弥勒大成佛经》，《大正新修大藏经》第 14 册，第 424 页。
② 同上书，第 431 页。

派——净土宗，至今依然流行。

"净土三经"是西方净土信仰中影响最大的三部佛经。分别是曹魏康僧铠译《佛说无量寿经》二卷，后秦鸠摩罗什译《佛说阿弥陀经》一卷与南朝宋畺良耶舍译《佛说观无量寿佛经》一卷①。

《佛说无量寿经》主要讲述：法藏比丘果满后成为无量寿佛，其佛国名为"西方极乐世界"，具庄严法相。十方世界之人若诚心正念、一向专意此国土，可以分为"三辈"往生进入西方极乐世界。②佛说此经结束之时，弥勒菩萨及十方诸菩萨众、长老阿难与诸弟子等皆欢喜信受。

《佛说阿弥陀经》主要讲述：西方过十万亿佛土，有世界名极乐。极乐国土功德庄严，有七重栏楯、七重罗网与七重行树，皆是四宝周匝围绕；有七宝池，八功德水；有种种奇妙杂色之鸟。西方净土教主阿弥陀佛光明无量，照十方国无所障碍。若有信者，闻说并执持阿弥陀佛佛号，一心不乱，那么此人临命终时，阿弥陀佛与诸圣众将现其前，即得往生阿弥陀佛极乐国土。③

《佛说观无量寿佛经》是指导信众通过观想法门从而往生西方净土世界的一部佛经。经中主要讲述观想西方极乐世界的十六个观想进程，即指导信众进入西方净土世界的方便法门。《佛说观无量寿佛经》序分篇中首先讲述古印度摩揭陀国国王频婆娑罗王（Bimbisāra）有一子名阿阇世（Ajātaśatru，意译为"未生怨"），他听从恶友提婆达多（Devadatta）的教唆幽闭其父，阿阇世母韦提希夫人（Vaidehi）以酥蜜调和面粉涂抹其身，且璎珞中盛葡萄浆，借探视之机补给频婆娑罗王。后阿阇世得知此事，欲以利剑杀害其母，被名曰月光的大臣劝阻，阿阇世遂将其母幽闭。韦提希夫人遥向耆阇崛山为佛作礼，佛陀感知此事后，与大目犍连（Mahāmaudgalyāyana）、阿难（Ānanda）现身于韦提希夫人面前，韦提希夫人涕泪悲泣请教释迦牟尼恶子因缘，佛陀为其讲述西方清净国土，进而讲述观想西方极乐世界的法门。全经正宗分内容共分为十六个观想次第，即：日想观、水想观、地想观、宝树想观、八功德水想观、总想观、华座想观、像想观、佛真身想观、观音想观、大势至想观、普想观、杂想观、上辈上生观

---

① 《大正新修大藏经》第12册。
② "三辈"，即上辈、中辈、下辈。《佛说无量寿经》记："其上辈者，舍家弃欲而作沙门，发菩提心，一向专念无量寿佛，修诸功德愿生彼国。""其中辈者，十方世界诸天人民，其有至心愿生彼国，虽不能行作沙门大修功德，当发无上菩提之心，一向专念无量寿佛。多少修善、奉持斋戒、起立塔像、饭食沙门、悬缯燃灯、散华烧香，以此回向愿生彼国。""其下辈者，十方世界诸天人民，其有至心欲生彼国，假使不能作诸功德，当发无上菩提之心，一向专意乃至十念，念无量寿佛，愿生其国。若闻深法欢喜信乐，不生疑惑，乃至一念念于彼佛，以至诚心愿生其国。"参见《大正新修大藏经》第12册，第272页。
③ 《大正新修大藏经》第12册。

（上品上生、上品中生、上品下生）、中辈中生观（中品上生、中品中生、中品下生）和下辈下生观（下品上生、下品中生、下品下生），总称"十六观"。流通分部分记述：佛陀开示十六观后，韦提希夫人与五百侍女发心，愿往生西方极乐世界。[①]

根据佛经内容进而绘制的《西方净土变》是隋唐时期最为盛行的题材之一。据画史记载，范长寿、吴道子、尹琳、赵武端与苏思忠等画家均曾在两京寺院绘制《西方净土变》。如《寺塔记》记：

> 三阶院西廊下。范长寿画西方变及十六对事。宝池尤妙绝。谛视之，觉水入浮壁。院门上白画树石，颇似阎立德。予携立德行天祠粉本验之，无异。[②]

另《历代名画记》记：

> 光宅寺东菩萨院内北壁东西偏尉迟画《降魔等变》，殿内吴生、杨廷光画。又尹琳画《西方变》。
>
> 净上院，董谔、尹琳、杨坦、杨桥画。院内次北廊向东塔院内西壁吴画《金刚变》，工人成色损。次南廊吴画《金刚经变》及《郗后》等，并自题。小殿内吴画《神》《菩萨》《帝释》，西壁《西方变》亦吴画。东南角吴弟子李生画《金光明经变》。讲堂内，杨廷光画。
>
> 安国寺东车门直北东壁北院门外画《神》两壁及《梁武帝》《郗后》等，并吴画并题。经院小堂内外并吴画。西廊南头院西面堂内南北壁并中三门外东西壁《梵王》《帝释》并杨廷光画。三门东西两壁《释》《天》等吴画，工人成色，损。东廊大法师院塔内，尉迟画及吴画。大佛殿东西二神，吴画，工人成色损。殿内《维摩变》吴画。东北《涅槃变》杨廷光画。西壁《西方》吴画，工人成色，损。殿内正南《佛》吴画，轻成色。
>
> 敬爱寺……西壁《西方佛会》（赵武端描）。《十六观》及《阎罗王

[①] 《佛说观无量寿佛经》记："应时即见极乐世界广长之相，得见佛身及二菩萨。心生欢喜，叹未曾有，豁然大悟，得无生忍。五百侍女发阿耨多罗三藐三菩提心，愿生彼国。世尊悉记，皆当往生，生彼国已，获得诸佛现前三昧。无量诸天，发无上道心。"参见《大正新修大藏经》第12册，第346页。
[②] ［唐］段成式《寺塔记》卷上，参见［唐］段成式等撰：《寺塔记·益州名画录·元代画塑记》，秦岭云点校，人民美术出版社，1964年，第8页。

变》（刘阿祖描）。……东壁《西方变》（苏思忠描，陈庆予成）。①

从敦煌莫高窟藏经洞所出较为完整的《观无量寿经变》绢帛佛画所见，画面图式与同时期的敦煌壁画《观无量寿经变》保持一致。通常以三幅画面组成，形制类似三页式屏风或称为中堂配立轴式，即中心中堂部分绘阿弥陀佛说法的大型场景，两边立轴部分是以纵向构图表现多个情节的画面，一边绘《未生怨》，另一边绘《十六观》。在敦煌壁画中，从盛唐始《观无量寿经变》所采用的中堂配立轴式屏风构图成为大型经变画中一种固定的图式，②并逐步影响了其他经变画的构图形式。

在绢帛佛画中通常将未生怨与十六观的每一则故事情节以特定的多幅连续图像组成。法藏敦煌藏经洞《观无量寿经变》（编号：EO.1128，图4-11）与俄藏敦煌藏经洞《观无量寿经变》（编号：Дх316，图4-12）即依据佛经内容以中堂配立轴式构图进行描绘，图中左侧立轴则按照故事情节描绘"未生怨"内容，右侧立轴绘制"十六观"，以韦提希夫人观想不同的景观图像反复出现排列，画面中心表现了阿弥陀佛、观世音菩萨（Avalokiteśvara）与大势至菩萨（Mahāsthāmaprāpta）所在的西方净土世界，以天宫、佛会、乐舞三部分内容纵向分布。该绢帛佛画的构图安排与同时期敦煌壁画中《观无量寿经变》的图示类同（图4-13、4-14）。绢画仅在下部留有功德主位置，推知此画是信众虔诚礼佛，寄托对阿弥陀世界夙愿的向往。

图4-11 《观无量寿经变》，唐代，绢本设色，高171厘米，宽118.2厘米，出自敦煌莫高窟藏经洞，法国巴黎吉美博物馆藏（编号：EO.1128）

ジャック・ジエス：《西域美術：ギメ美術館ペリオ・コレクション》第1卷，講談社，1994年，図16

① 《历代名画记》卷三《记两京外州寺观画壁》，参见〔唐〕张彦远著，俞剑华注释：《历代名画记》，上海人民美术出版社，1964年，第62、63、64、72、73页。
② 敦煌莫高窟《观无量寿经变》壁画的中堂配立轴式构图最早出现于盛唐景云年间（710—712），实例如莫高窟盛唐第217窟北壁。

图 4-12 《观无量寿经变》，晚唐，绢本设色，高 139 厘米、宽 88 厘米，出自敦煌莫高窟藏经洞，俄罗斯国立艾尔米塔什博物馆藏（编号：дх 316）

俄罗斯国立艾尔米塔什博物馆，上海古籍出版社编：《俄罗斯国立艾尔米塔什博物馆藏敦煌艺术品·1》，上海古籍出版社，1997年，图 48

三、东方净土变

东方净土信仰晚于弥勒净土信仰与西方净土信仰，其主要内容是东方有佛国名净琉璃，教主佛号药师琉璃光如来（Bhaiṣajyaguru）。药师佛行菩萨道时，曾发心十二大愿以拯救世人脱离苦难。东方净琉璃世界亦如西方极乐世界一样庄严毕具。[①]信众崇信且供养药师佛便可获得"消灾延寿"的功德并可往生东方净琉璃佛国净土。

药师经典汉译本共有 5 个译本。东晋帛尸梨蜜多罗译《佛说灌顶拔除过罪生死得度经》一卷，收入《佛说灌顶经》12 卷中。[②]南朝宋慧简于公元 457 年译《佛说药师琉璃光经》一卷，已佚。隋达摩笈多于公元 615 年译《佛说药师如来本愿经》一卷。[③]唐玄奘于公元 650 年译《药师琉璃光如来本愿功德经》一卷。[④]以及唐义净于公元 707 年译《药师琉璃光七佛本愿功德经》二卷。[⑤]各种译本中"十二大愿"皆为药师佛尚为菩萨时的发愿，图像中"十二大愿"皆绘成信众礼拜佛陀的图像，即表现经文中药师来世成佛后的情景。

自隋唐始，东方净土信仰与西方净土信仰并行，出现了药师佛的尊像图以及较为完备的《药师净土变》。据画史记载，唐代吴道子与朱繇均绘有《药师佛像》[⑥]，程逊曾于东都洛阳昭成寺绘《药师净土变》[⑦]，赵公祐于四川大圣慈寺药师院绘有药师十二神

---

① ［唐］玄奘译：《药师琉璃光如来本愿功德经》记："彼佛土，一向清净，无有女人，亦无恶趣及苦音声。琉璃为地，金绳界道，城、阙、宫、阁、轩、窗、罗网，皆七宝成。亦如西方极乐世界，功德庄严、等无差别。"参见《大正新修大藏经》第 14 册，第 405 页。
② ［东晋］帛尸梨蜜多罗译：《佛说灌顶拔除过罪生死得度经》，《大正新修大藏经》第 21 册。
③ ［隋］达摩笈多译：《佛说药师如来本愿经》，《大正新修大藏经》第 14 册。
④ ［唐］玄奘译：《药师琉璃光如来本愿功德经》，《大正新修大藏经》第 14 册。
⑤ ［唐］义净译：《药师琉璃光七佛本愿功德经》，《大正新修大藏经》第 14 册。
⑥ ［南宋］周密：《志雅堂杂钞》卷下《图画碑帖续钞》："辛卯六月十三日，郭北山祐之细观书画于镊子并提控家。画之佳者，有吴道子《药师佛》，绝佳。""壬辰四月十日，偕修竹访……郭祐之，出三天王画……一吴道子，纸粉木，仅盈只，而作十一人，凡数千百笔，繁而不乱。上有题字云：曹仲元，吴生画本。入吴皆以为绝妙。……又吴生《药师佛》小幅，有秘记、尚书省印。又《善神》二小幅，亦秘省物，有官印、省印，恐非吴，然亦唐画也。"参见中国书画全书编纂委员会编：《中国书画全书》（第二册），上海书画出版社，1993 年，第 167 页。［北宋］内院奉敕：《宣和画谱》卷三《道释三》："朱繇，唐末长安人也。工画道释，妙得吴道玄笔法，人未易优劣也。……今御府所藏八十有三：……《药师佛像》二"，参见中国书画全书编纂委员会编：《中国书画全书》（第二册），上海书画出版社，1993 年，第 70 页。
⑦ 《历代名画记》卷三《记两京外州寺观画壁》："昭成寺西廊障日《西域记图》，杨

图 4-15 《药师净土变》，唐代，绢本设色，高 206 厘米，宽 167 厘米，出自敦煌莫高窟藏经洞，英国伦敦不列颠博物馆藏（编号 S. P. 36 Ch. lii. 003）

ロデリック・ウィットフィールド编：《西域美术：大英博物馆スタイン・コレクション》第 1 卷，讲谈社，1982 年，图 9

图 4-15-1 《药师净土变》（局部）

ロデリック・ウィットフィールド 編：《西域美術：大英博物館ス
タイン・コレクション》第 1 巻，講談社，1982 年，図 9

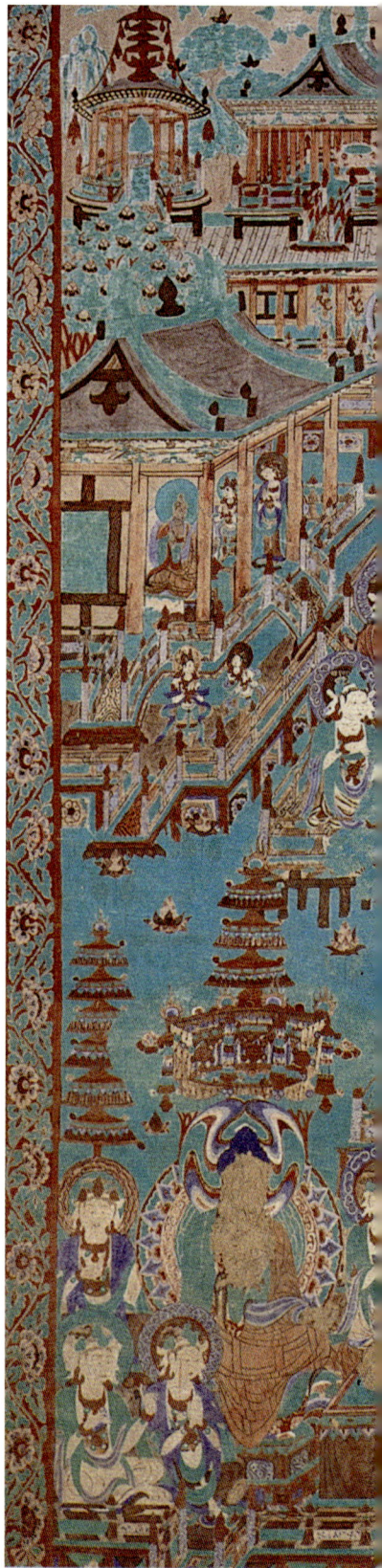

王 ①，五代后蜀赵忠义于大圣慈寺绘《药师净土变》。②

敦煌藏经洞存有《药师净土变》绢画数铺。英藏《药师净
土变》（编号 S. P. 36 Ch. lii . 003，图 4-15）表现了药师佛所
在的东方净琉璃世界景象，图式与西方净土变类似，同为中堂
配立轴式。中堂佛会以天宫、佛会、乐舞纵式三段安排，画面
中心硕大的华盖之下绘结跏趺坐于莲台之上的药师佛，左手托

廷光画。三门下《护法二神》，张尊礼画。香炉两头《净土变》《药师变》，程
逊画。"参见［唐］张彦远著，俞剑华注释：《历代名画记》，上海人民美术出
版社，1964 年，第 74 页。

① ［北宋］黄休复《益州名画录·神格二人》记："药师院师堂内四天王并十二
神。"参见［唐］段成式等撰：《寺塔记·益州名画录·元代画塑记》，秦岭云
点校，人民美术出版社，1964 年，第 3 页。

② ［北宋］黄休复《益州名画录·妙格下品十一人》记："淳化五年甲午，兵火
焚尽。今余王蜀先主祠堂正门西畔《鬼神》，大圣慈寺正门北墙上《西域记》，
石经院后殿《天王变相》，中寺六祖院旁《药师经变相》，并忠义笔，现存。"
参见［唐］段成式等撰：《寺塔记·益州名画录·元代画塑记》，秦岭云点校，
人民美术出版社，1964 年，第 33 页。

图 4-16 《药师净土变》，五代，莫高窟第 98 窟北壁，壁画，石窟原址

敦煌研究院主编：《敦煌石窟全集 6·弥勒经画卷》，香港商务印书馆，2002 年，第 208 页，图 176

钵，右手作说法印（图4-15-1），其持物、姿态与药师经轨所记相合①。药师如来两侧绘日曜菩萨与月净菩萨，另绘有八大菩萨②、十二神王与天人眷属等侍众。全图左侧立轴绘"十二大愿"③，右侧立轴绘"九横死"④，皆以不同画面分隔排列，与同时期敦煌《药师净土变》壁画的图式一致（图4-16）。

敦煌莫高窟药师经变壁画中堂配立轴式构图始见于盛唐148窟东壁，此窟建于大历十一年（776）。唐代敦煌石窟以中堂配立轴式构图绘《观无量寿经变》在盛唐时期出现并流行至中晚唐时期，⑤以中堂配立轴式构图绘《药师经变》于盛唐时期出现并流行于中晚唐时期。⑥同类题材的净土绢帛绘画亦是此时期图式流传的具体体现，两者互为使用。

唐代遗存的《弥勒净土变》《西方净土变》与《东方净土变》绢帛佛画遵循

---

① ［唐］不空译《药师如来念诵仪轨》："中心一药师如来像，如来左手令执药器，亦名无价珠；右手令作结三界印。一着袈裟结跏趺坐，令安莲华台。"参见《大正新修大藏经》第19册、第29页中。
② 即文殊师利菩萨、观世音菩萨、得大势菩萨、无尽意菩萨、宝坛华菩萨、药王菩萨、药上菩萨与弥勒菩萨。
③ "十二大愿"为药师佛尚为菩萨时的誓言。［唐］玄奘译《药师琉璃光如来本愿功德经》记："第一大愿：愿我来世得阿耨多罗三藐三菩提时，自身光明，炽然照曜无量无数无边世界，以三十二大丈夫相、八十随好、庄严其身；令一切有情，如我无异。第二大愿：愿我来世得菩提时，身如琉璃，内外明彻，净无瑕秽，光明广大，功德巍巍，身善安住，焰网庄严，过于日月；幽冥众生，悉蒙开晓，随意所趣，作诸事业。第三大愿：愿我来世得菩提时，以无量无边智慧方便，令诸有情，皆得无尽所受用物，莫令众生有所乏少。第四大愿：愿我来世得菩提时，若诸有情行邪道者，悉令安住菩提道中；若行声闻独觉乘者，皆以大乘而安立之。第五大愿：愿我来世得菩提时，若有无量无边有情，于我法中修行梵行，一切皆令得不缺戒，具三聚戒。设有毁犯，闻我名已，还得清净，不堕恶趣。第六大愿：愿我来世得菩提时，若诸有情，其身下劣，诸根不具，丑陋、顽愚、盲、聋、瘖、痖、挛、躄、背偻、白癞、癫狂、种种病苦；闻我名已，一切皆得端正黠慧，诸根完具，无诸疾苦。第七大愿：愿我来世得菩提时，若诸有情，众病逼切，无救无归，无医无药，无亲无家，贫穷多苦，我之名号，一经其耳，病悉得除，身心安乐，家属资具，悉皆丰足，乃至证得无上菩提。第八大愿：愿我来世得菩提时，若有女人，为女百恶之所逼恼，极生厌离，愿舍女身；闻我名已，一切皆得转女成男，具丈夫相，乃至证得无上菩提。第九大愿：愿我来世得菩提时，令诸有情，出魔罥网，解脱一切外道缠缚；若堕种种恶见稠林，皆当引摄置于正参见，渐令修习诸菩萨行，速证无上正等菩提。第十大愿：愿我来世得菩提时，若诸有情，王法所录，缧缚鞭挞，系闭牢狱，或当刑戮，及余无量灾难凌辱，悲愁煎迫，身心受苦；若闻我名，以我福德威神力故，皆得解脱一切忧苦。第十一大愿：愿我来世得菩提时，若诸有情，饥渴所恼，为求食故造诸恶业；得闻我名，专念受持，我当先以上妙饮食，饱足其身；后以法味，毕竟安乐而建立之。第十二大愿：愿我来世得菩提时，若诸有情，贫无衣服，蚊虻寒热，昼夜逼恼；若闻我名，专念受持，如其所好，即得种种上妙衣服，亦得一切宝庄严具，华鬘涂香，鼓乐众伎，随心所玩，皆令满足。"参见《大正新修大藏经》第14册、第405页。
④ "九横死"即九种非正常死亡。［唐］玄奘译《药师琉璃光如来本愿功德经》关于"九横死"记："若诸有情，得病虽轻，然无医药及看病者，设复遇医，授以非药，实不应死而便横死。又信世间邪魔、外道、妖［女］之师，妄说祸福，便生恐动，心不自正，卜问觅祸，杀种种众生，解奏神明，呼诸魍魉，请乞福佑，欲冀延年，终不能得；愚痴迷惑，信邪倒参见，遂令横死，入于地狱，无有出期，是名初横。二者，横被王法之所诛戮。三者，畋猎嬉戏，耽淫嗜酒，放逸无度，横为非人夺其精气。四者，横为火焚。五者，横为水溺。六者，横为种种恶兽所啖。七者，横堕山崖。八者，横为毒药、厌祷、咒诅、起尸鬼等之所中害。九者，饥渴所困，不得饮食而便横死。是为如来略说横死，有此九种。"，参见《大正新修大藏经》第14册、第407页。
⑤ 敦煌石窟《观无量寿经变》壁画中堂配立轴式构图有：莫高窟盛唐第45、91、116、122、148、172、176、194、208、215、208、217、218、320、446窟。莫高窟中唐第44、92、117、126、129、154、155、160、180、188、191、197、199、201、236、258、379、473窟。莫高窟晚唐第15、19、132、177、337、343窟。莫高窟五代第22、334、468窟。榆林窟五代第35、38窟；莫高窟宋第55、76、454窟。参见敦煌研究院主编：《敦煌石窟全集5·阿弥陀经画卷》，香港商务印书馆，2002年，第261页。
⑥ 敦煌石窟《药师经变》壁画中堂配立轴式构图有：莫高窟盛唐第148窟。莫高窟中唐第92、134、154、180、222、236、358、370窟。莫高窟晚唐第8、160、177、190、337、343窟。莫高窟五代第468窟。

图中绘一身着袒右袈裟的比丘坐禅观想一座着火的楼阁。佛家将三界喻为火宅，寓意现世即苦，幻象无常，僧人作此观想时即有助于体悟世间"苦"法，进而离弃现世，精进涅槃之境。该壁画或为僧人禅观之用。

图4-17　禅观图，4-7世纪，吐峪沟第42窟窟顶，壁画，石窟原址

中国壁画全集编辑委员会编《中国美术分类全集·中国新疆壁画全集6·吐峪沟 柏孜克里克》，辽宁美术出版社，新疆美术摄影出版社，1995年，第2页，图3

着与同类题材壁画相似的图式，并互为影响，使得佛经中描述的佛国净土世界以图像的方式近距离地呈现给信众。较之早期观想修行法门的禅观（Dhyāna）佛画更加贴近世俗生活。净土变画面中宏伟的宫殿、曼妙的乐舞与七宝装点的净土世界均是画工对现实景观的升华提炼，是对往生世界的心相追摹。净土类佛画不再是早期禅观苦修图像的注解（图4-17），[①]而是信众积累功德，助力往生净土世界的推手，伴随"俗讲"与"称名念佛"等易行道的普及，净土类佛画亦兼具了宗教礼仪与艺术审美的双重属性。

---

① 关于早期禅观图像的分析可参见 Angela F. Howard and Giuseppe Vignato, *Archaeological and Visual Sources of Meditation in the Ancient Monasteries of Kuča*, Leiden / Boston: Brill, 2014, pp. 106-172。

第
四
节

❀

来
迎
图
式

《来迎图》采用了阿弥陀净土信仰佛画的另一类图式。阿弥陀净土信仰以专门念诵阿弥陀佛名号以求得离世后往生西方极乐世界为归宿。一般认为,《来迎图》源于《佛说观无量寿佛经》与《十往生阿弥陀佛国经》。

《佛说观无量寿佛经》:

> 阿弥陀如来与观世音及大势至,无数化佛,百千比丘,声闻大众,无量诸天,七宝宫殿,观世音菩萨执金刚台,与大势至菩萨至行者前。阿弥陀佛放大光明,照行者身,与诸菩萨授手迎接。观世音、大势至与无数菩萨,赞叹行者,劝进其心。行者见已,欢喜踊跃。自见其身乘金刚台,随从佛后,如弹指顷,往生彼国。生彼国已,见佛色身众相具足,见诸菩萨色相具足。光明宝林,演说妙法。闻已即悟无生法忍。经须臾间历事诸佛,遍十方界,于诸佛前次第受记。还至本国,得无量百千陀罗尼门,是名上品上生者。[1]

另《十往生阿弥陀佛国经》:

> 若有众生深信是经念阿弥陀佛,愿往生者彼极乐世界,阿弥陀佛即遣观世音菩萨、大势至菩萨、药王菩萨、药上菩萨、普贤菩萨、法自在菩萨、狮子吼菩

---

[1] ［南朝宋］畺良耶舍译:《佛说观无量寿佛经》,《大正新修大藏经》第12册,第344页。

萨、陀罗尼菩萨、虚空藏菩萨、德藏菩萨、宝藏菩萨、金藏菩萨、金刚菩萨、山海慧菩萨、光明王菩萨、华严王菩萨、众宝王菩萨、月光王菩萨、日照王菩萨、三昧王菩萨、自在王菩萨、大自在王菩萨、白象王菩萨、大威德王菩萨、无边身菩萨是二十五菩萨拥护行者，若行、若住、若坐、若卧、若昼、若夜，一切时、一切处，不令恶鬼恶神得其便也。[①]

根据经中所记，信众只要坚信且一心专念阿弥陀佛名号，其临终之时，阿弥陀佛、观世音菩萨与大势至菩萨便会接引其往生西方极乐世界。

西夏时期流行《来迎图》。在黑水城遗址中出土过多件《来迎图》绢帛佛画，主要绘制西方三圣共同迎接祈愿往生极乐世界的信众，也有作品仅描绘阿弥陀佛单尊接引。诚如萨玛秀克（Kira Fyodorovna Samosyuk）对该图像功能所述：

> 阿弥陀佛结安慰印，表示信徒将往生至净土世界，获得与他的'业'和功德相应相称的位置，即'上品上生'。……这类佛像，是用来帮助修行的，也可以挂在病人或临死的人的面前，祝愿死后升入极乐世界。因此，这种'来迎'主题绘画的最大可能，是供个人使用的。[②]

俄藏黑水城遗址所出《阿弥陀佛接引图》（编号：x-2410，图4-18）中绘阿弥陀佛与观世音菩萨、大势至菩萨共立祥云之上，接引一位往生净土世界的比丘。阿弥陀佛双足踏青色莲花，二菩萨双足踏白色莲花，阿弥陀佛肉髻低平，作接引手印[③]，观世音菩萨为侧面，头冠中有立佛，大势至菩萨为半侧面，身着红色大衣，头冠中有宝瓶。二菩萨合举一朵金色的硕大莲花迎接往生者化生的童子。往生者位于画面的左下角，立于两树之间，他双手合十，阿弥陀佛白毫中生出白光与往生者相连，而白光中往生者已化为童子即将步入金色莲花。画面以浓郁的头青色背景将白色、朱砂色与金色映衬得典雅、庄重，极富装饰性，莲花以金色为底勾以细劲线条和繁复装饰，显得富丽精致。

黑水城遗址出土的另一件《阿弥陀佛接引图》（编号：x-2416，图4-19）中，阿弥陀佛身着红色袈裟，双足各踏一朵青色莲花，浮现于彩云之上。阿弥陀佛肉

---

① 失译者译《十往生阿弥陀佛国经》全一卷，又称《观阿弥陀佛色身正念解脱三昧经》《度诸有流生死八难有缘众生经》《十往生经》，参见《大正新修大藏经》，《卍续藏》第1册，第366页。
② ［俄］萨玛秀克：《十二至十四世纪黑水城汉藏佛教绘画》，载俄罗斯国立艾尔米塔什博物馆、西北民族大学、上海古籍出版社编：《俄藏黑水城艺术品·I》，上海古籍出版社，2009年，第40页。
③ 即左手结思维印、右手结与愿印。

左：图 4-18《阿弥陀佛接引图》，佚名，西夏，棉布设色，高142.5 厘米，宽 94 厘米，黑水城遗址出土，俄罗斯圣彼得堡国立艾尔米塔什博物馆藏（编号：X-2410）

林树中主编：《海外遗真·中国佛教绘画》，湖南美术出版社，2001 年，图 68

右：图 4-19《阿弥陀佛接引图》，佚名，西夏，绢本设色，高125 厘米，宽 64 厘米，黑水城遗址出土，俄罗斯圣彼得堡国立艾尔米塔什博物馆藏（编号：X-2416）

林树中主编：《海外遗真·中国佛教绘画》，湖南美术出版社，2001 年，图 67

图4-20 《阿弥陀佛来迎图》，佚名，南宋，绢本设色，高97厘米，宽38.5厘米，日本西福寺藏

林树中主编：《海外遗真·中国佛教绘画》，湖南美术出版社，2001年，图59

髻低平，左手结思维印，右手结与愿印，头顶上的华盖迎风飘逸于祥云中。佛的眉间白毫中生出一条曲线状白色光带笼罩在画面左下角往生极乐世界的男女往生者周围。男像身着长袍，双手持长柄香炉，女像身穿红花长袍，双手合十。此类图式将阿弥陀佛的形体塑造得异常高大，使之与被接引信众的小身量形成强烈对比，增强了宗教世界的神秘感。

南宋时期的绢帛佛画作品中存有单尊的《阿弥陀佛来迎图》，与上述西夏黑水城遗址出土的《接引图》中阿弥陀佛样式近似，关系密切。图中（图4-20）绘阿弥陀佛足踏双莲花，双手作接引众生手印，身着有图案花纹的红色袈裟，肉髻低平，面向左方，身后绘有舟形背光，阿弥陀佛微微低头，目光下视，上下皆绘有祥云，画面绘制繁缛，异常精美。

另一件南宋时期《阿弥陀佛接引图》（图4-21）绘阿弥陀佛接引众生往生西方极乐世界，佛陀的姿态与手印与上幅绘画接近，袈裟勾线用笔提按分明，面部、手部与足部勾线细劲匀称，佛陀着红色袈裟，色调沉郁，体现出画工高超的绘画水准。

上述绢帛佛画主题与功能一致，均为信众希冀往生净土所制，并且呈现出多类固定的图式。往生净土绢帛佛画技艺高超、绘制精良、画面透露出信众虔诚的美好夙愿，属于唐宋与西夏时期净土信仰真实的图像诠释。

图 4-21 《阿弥陀佛接引图》，佚名，南宋，绢本设色，高 53.5 厘米，宽 23 厘米，美国纽约大都会博物馆藏

林树中主编：《海外遗真·中国佛教绘画》，湖南美术出版社，2001 年，图 54

中国
佛教美学
典藏

诸相非相

托像传真

结语

　　对中国绢帛佛画经典作品的美学巡礼即将告一段落，以上各章以"法相庄严""缺憾之美""风格大成"和"往生净土"四个视角对历代佛画精品进行了内容、形式与风格上的梳理与解读。其中既有流传有序的传世作品，更有大量历代佚名画工的经典之作以及流失海外的绢帛残件，它们均异常精彩地以图像之相由目即心地呈现出佛教经典、佛教思想、审美旨趣、经典样式与艺术风格。

　　中国绢帛佛画中静穆之态的佛陀、华美端严的菩萨以及胡貌梵相的罗汉，均以"法相庄严"之美体现了出资人与绘制者对心中宗教理想的诉求与表达。

　　中国绢帛佛画多流散于海外，高昌所出的经幡与绢画虽多为残件，却同样精彩纷呈。通过观察高昌支离破碎的佛画残件局部仍可窥见昔日佛教艺术的繁荣，亦能体悟唐与回鹘时期东西方文化在高昌的交融与创造。

　　中国绢帛佛画曾经是古代卷轴绘画的重要门类，异彩纷呈。自西域画风的盛行至唐代"吴家样"与"周家样"样式的完善，再至尚意的"白描"以及疏简放达的"减笔画"与禅画，中国绢帛佛画始终以开放包容的心态进行着"改梵为夏"之路。同时，由于受到书法与禅宗思想的影响，宋代之后出现了疏简禅意的画风。无论是佛教绘画中"错金镂彩"之美抑或是"复归于朴"之美，均是中国文化体系下审美体范的多样追求。

　　中国绢帛佛画往生净土类图像丰富、种类繁多，绘画上的样式延传有序，有迹可循，体现出不同区域间的图本交流与互动。通过梳理功德画图式、引路菩萨图式、净土经变图式与来迎图式，本书呈现出隋唐五代至两宋西夏时期长久不衰净土信仰风气下创作的珍品。往生净土类绢帛佛画图式与同一时期、同一题材的壁画图式互为借用，是信众积累功德，助力往生净土世界的载体。伴随"俗讲"与"称名念佛"等易行道的普及，净土类佛画亦兼有宗教礼仪与艺术审美的双重属性。

　　佛教认为，世间万物皆为因缘的暂时聚合而成，虚幻不实、瞬息变化，故而追求不为内情所牵、不为外物所动的"寂灭乐""涅槃乐"与"法乐"。此种向内心自省、逐次体会世界"苦空无常"的修为与体悟"美"的本质相悖。但同时，佛教又辩证主张随顺世俗之见教化众生，引导众生在有中观空，在妄中求真，在美的形式中领悟佛理。如此辩证的理念在佛教典籍《心经》中归纳为"色即是空，空即是色，色不异空，空不异色，受、想、行、识，亦复如是"[①]。因此佛教对"美"的否定，实质上又是对美的变相肯定[②]。这种不执着于空的境界，自然形成了佛教特殊的美学观，即诸相非相、心融百川、大美无言，由此创作出中国文化体系下丰富多彩且风格各异的绢帛佛画作品。

《百喻经》有一偈言曰："如阿伽陀药，树叶而裹之，取药涂毒尽，树叶还弃之。戏笑如叶裹，实义在其中。智者取正义，戏笑便应弃。"[③]流光溢彩的历代绢帛佛画正如包裹了"阿伽陀药"的"树叶"，向世人通透实相的表法达意。由此可见，绢帛佛画确是向世俗信众传法的"有相法门"。正此谓"借言津道，托像传真"。[④]

朱良志先生在谈及中国美学特质时曾讲道：

> 在中国美学中，人们感兴趣的不是外在美的知识，也不是经由外在对象"审美"所产生的心理现实，它所重视的是返归内心，由对知识的荡涤进而体验万物、通于天地，融自我和万物为一体，从而获得灵魂的适意。[⑤]

同理，绢帛佛画的美学追求终统摄于中国美学体范的洪流之中。

祝祷众生、祈求彼岸世界夙愿的绢帛佛画常在宗教礼仪中成为悬挂于寺院与石窟的重要物质载体。古人将其多样诉求以图像的形式绘制于绢幡之上，今天我们从不同视角、不同经历、不同背景研读绢帛佛画时，均可品读出其中蕴含的丰富信息，这也映射着佛家"诸相非相"的精髓义理。

绢帛佛画不仅是佛教义理与愿景的图现，更是信众与绘者心灵的和合境化。佛画中的图像归根结底是宗教表法之显现，正因为对佛教境界之美的孜孜以求，才有了中国历代绢帛佛画的荣光。

---

① ［唐］玄奘译：《般若波罗蜜多心经》，《大正新修大藏经》第 8 册，第 848 页。
② 祁志祥：《中国佛教美学的历史巡礼》，《文艺理论研究》，2011 年第 1 期，第 81—87 页。
③ 僧伽斯那撰，［南朝齐］求那毗地译：《百喻经》卷三，参见《大正新修大藏经》，第 4 册，第 557 页。
④ 取自《高僧传》卷八《义解五》释昙斐条："圣人资灵妙以应物，体冥寂以通神，借微言以津道，托形以传真"，参见［南朝梁］慧皎：《高僧传》，汤用彤校注、汤一玄整理，中华书局，1992 年，第 343 页。
⑤ 朱良志：《中国美学十五讲》，北京大学出版社，2006 年，第 2 页。

参考文献

中文部分（包括西文论著汉译本）

一、古籍文献类

1. 外典

［唐］段成式：《寺塔记》，秦岭云点校，人民美术出版社，1964年。

［唐］樊绰：《蛮书》，向达校注，中华书局，1962年。

［唐］李延寿：《北史》（第十册），中华书局，1974年。

［唐］张彦远：《历代名画记》，俞剑华注释，上海人民美术出版社，1964年。

［唐］朱景玄：《唐朝名画录》，何志明、潘运告编著：《唐五代画论》，湖南美术出版社，1997年。

［宋］郭若虚、邓椿：《图画见闻志·画继》，米田水译注，湖南美术出版社，2000年。

［北宋］黄休复：《益州名画录》，秦岭云点校，人民美术出版社，1964年。

［北宋］内院奉敕：《宣和画谱》，中国书画全书编纂委员会编：《中国书画全书》（第二册），上海书画出版社，1993年。

［北宋］司马光编纂，［元］胡三省音注：《资治通鉴》（第十三册），"标点资治通鉴小组"点校，中华书局，1956年。

［南宋］范成大：《吴船录》，孔凡礼点校：《范成大笔记六种》，中华书局，2002年。

［南宋］周密：《志雅堂杂钞》，中国书画全书编纂委员会编：《中国书画全书》（第二册），上海书画出版社，1993年。

［元］汤垕：《画鉴》，中国书画全书编纂委员会编：《中国书画全书》（第二册），上海书画出版社，1993年。

［元］虞集：《道园学古录》，《钦定四库全书》（文渊阁本）第1207册，商务印书馆，1983年。

［明］朱谋垔：《画史会要》，中国书画全书编纂委员会编：《中国书画全书》（第四册），上海书画出版社，1993年。

［清］沈宗骞：《芥舟学画编》，俞剑华编著：《中国古代画论类编·下》（修订本），人民美术出版社，1957年。

［清］吴任臣：《十国春秋》，徐敏霞、周莹点校，中华书局，1983年。

［清］张式：《画谭》，俞剑华编著：《中国古代画论类编·下》（修订本），人民美术出版社，1957年。

哈密顿（Hamiltion, James Rusell）：《五代回鹘史料》，耿昇译，新疆人民出版社，1986年。

陈高华编：《隋唐画家史料》，文物出版社，1987年。

2. 内典

高楠顺次郎、渡邊海旭都监：《大正新修大藏經》，大正一切经刊行會，1924-1934年。（CBETA 中华电子佛典协会 = Chinese Buddhist Electronic Text Association，http://www.cbeta.org/）

——［东汉］安世高译：《大乘方等要慧经》，《大正新修大藏经》第12册。

——［东汉］安世高译：《佛说长者子制经》，《大正新修大藏经》第 14 册。

——[东汉]支娄迦谶译:《杂譬喻经》,《大正新修大藏经》第 4 册。

——[东汉]支娄迦谶译:《道行般若经》,《大正新修大藏经》第 8 册。

——[东汉]支娄迦谶译:《佛说伅真陀罗所问如来三昧经》,《大正新修大藏经》第 15 册。

——[曹魏]康僧铠译:《佛说无量寿经》,《大正新修大藏经》第 12 册。

——[东吴]支谦译:《佛说维摩诘经》,《大正新修大藏经》第 14 册。

——[西晋]竺法护译:《佛说弥勒下生经》,《大正新修大藏经》第 14 册。

——[东晋]帛尸梨蜜多罗译:《佛说灌顶拔除过罪生死得度经》,《大正新修大藏经》第 21 册。

——[东晋]佛陀跋陀罗译:《大方广佛华严经》,《大正新修大藏经》第 9 册。

——[后秦]佛陀耶舍、竺佛念译:《长阿含经》,《大正新修大藏经》第 1 册。

——[后秦]鸠摩罗什译:《佛说阿弥陀经》,《大正新修大藏经》第 12 册。

——[后秦]鸠摩罗什译:《佛说弥勒大成佛经》,《大正新修大藏经》第 14 册。

——[后秦]鸠摩罗什译:《佛说弥勒下生成佛经》,《大正新修大藏经》第 14 册。

——[后秦]鸠摩罗什译:《大智度论》,《大正新修大藏经》第 25 册。

——[后秦]鸠摩罗什译:《成实论》,《大正新修大藏经》第 32 册。

——[北凉]昙无谶译:《金光明经》,《大正新修大藏经》第 16 册。

——[南朝宋]沮渠京声译:《佛说观弥勒菩萨上生兜率天经》,《大正新修大藏经》第 14 册。

——[南朝宋]畺良耶舍译:《佛说观无量寿佛经》,《大正新修大藏经》第 12 册。

——[南朝齐]求那毗地译:《百喻经》,《大正新修大藏经》第 4 册。

——[北齐]那连提耶舍译:《大方等大集月藏经》,《大正新修大藏经》第 13 册。

——[隋]达摩笈多译:《佛说药师如来本愿经》,《大正新修大藏经》第 14 册。

——[唐]阿地瞿多译:《陀罗尼集经》,《大正新修大藏经》第 18 册。

——[唐]般刺蜜帝译:《大佛顶如来密因修证了义诸菩萨万行首楞严经》,《大正新修大藏经》第 19 册。

——[唐]般若斫羯啰译:《摩诃吠室啰末那野提婆喝啰阇陀罗尼仪轨》,《大正新修大藏经》第 21 册。

——[唐]不空译:《金刚顶瑜伽护摩仪轨》,《大正新修大藏经》第 18 册。

——[唐]不空译:《药师如来念诵仪轨》,《大正新修大藏经》第 19 册。

——[唐]不空译:《毗沙门天王经》,《大正新修大藏经》第 21 册。

——[唐]不空译:《毗沙门仪轨》,《大正新修大藏经》第 21 册。

——[唐]澄观:《三圣圆融观门》,《大正新修大藏经》第 45 册。

——[唐]地婆诃罗译:《方广大庄严经》,《大正新修大藏经》第 3 册。

——[唐]伽梵达摩译:《千手千眼观世音菩萨广大圆满无碍大悲心陀罗尼经》,《大正新修大藏经》第 20 册。

——[唐]玄奘译:《般若波罗蜜多心经》,《大正新修大藏经》第 8 册。

——[唐]玄奘译:《药师琉璃光如来本愿功德经》,《大正新修大藏经》第 14 册。

——[唐]玄奘译:《阿毗达磨大毗婆沙论》,《大正新修大藏经》第 27 册。

——[唐]玄奘译:《大阿罗汉难提密多罗所说法住记》,《大正新修大藏经》第 49 册。

——[唐]义净译:《药师琉璃光七佛本愿功德经》,《大正新修大藏经》第 14 册。

——[唐]义净译:《佛说弥勒下生成佛经》,《大正新修大藏经》第 14 册。

——[唐]义净译:《金光明最胜王经》,《大正新修大藏经》第 16 册。

——[唐]智通译:《千眼千臂观世音菩萨陀罗尼神咒经》,《大正新修大藏经》第 20 册。

——[北宋]法天:《佛说毗沙门天王经》,《大正新修大藏经》第 21 册。

——[南宋]普济集:《五灯会元》,《大正新修大藏经》第 80 册。

——失译者译:《十往生阿弥陀佛国经》,《大正新修大藏经》

《卍续藏》第 1 册。

——失译者译：《佛说弥勒来时经》,《大正新修大藏经》第 14 册。

［梁］释慧皎：《高僧传》, 汤用彤校注, 汤一玄整理, 中华书局, 1992 年。

［唐］释道世：《法苑珠林校注》, 周叔迦、苏晋仁校注, 中华书局, 2003 年。

［唐］释慧祥、［宋］释延一、［宋］张商英：《古清凉传·广清凉传·续清凉传》, 陈扬炯、冯巧英校注, 山西人民出版社, 1989 年。

［唐］玄奘、辩机：《大唐西域记》, 季羡林等校注, 中华书局, 2000 年。

二、研究论著类

1. 研究论著

陈粟裕：《从于阗到敦煌——以唐宋时期图像的东传为中心》, 方志出版社, 2014 年。

丁福保编纂：《佛学大辞典》, 文物出版社, 1984 年。

冯承钧：《西域地名》, 陆峻岭增订, 中华书局, 1980 年。

［日］宫治昭：《吐峪沟石窟壁画与禅观》, 贺小萍译, 新疆维吾尔自治区吐鲁番学研究院编, 上海古籍出版社, 2009 年。

［美］韩森, 芮乐伟（Hansen, Valerie）：《丝绸之路新史》, 张湛译, 北京联合出版公司, 2015 年。

姜伯勤：《中国祆教艺术史研究》, 生活·读书·新知三联书店出版社, 2004 年。

金维诺、罗世平：《中国宗教美术史》, 江西美术出版社, 1995 年。

金维诺：《中国美术史论集》, 黑龙江美术出版社, 2004 年。

蓝吉富主编：《禅宗全书》, 文殊出版社, 1989 年。

李翎：《佛教与图像论稿》, 文物出版社, 2011 年。

李翎：《佛教与图像论稿续编》, 文物出版社, 2013 年。

李泽厚：《美的历程》, 文物出版社, 1981 年。

林保尧编著：《佛教美术讲座》, 文物出版社, 2008 年。

刘韬：《唐与回鹘时期龟兹石窟壁画研究》, 文物出版社, 2017 年。

［法］玛雅尔, 莫尼克（Maillard, Monique）：《古代高昌

王国物质文明史》, 耿昇译, 中华书局, 1995 年。

荣新江：《海外敦煌吐鲁番文献见知录》, 江西人民出版社, 1996 年。

荣新江：《敦煌学十八讲》, 北京大学出版社, 2001 年。

荣新江主编：《吐鲁番文书总目（欧美收藏卷）》, 武汉大学出版社, 2007 年。

沈雁主编：《中国北方古代少数民族服饰研究·回鹘卷》, 东华大学出版社, 2013 年。

孙机：《中国古代物质文化》, 中华书局, 2014 年。

新疆维吾尔自治区吐鲁番学研究院、武汉大学中国三至九世纪研究所编著：《吐鲁番柏孜克里克石窟出土汉文佛教典籍》, 文物出版社, 2007 年。

杨富学：《回鹘之佛教》, 新疆人民出版社, 1998 年。

2. 图录

敦煌研究院编：《中国石窟·敦煌莫高窟》（1-5 卷）, 文物出版社, 1982-1987 年。

敦煌研究院编：《中国石窟·安西榆林窟》, 文物出版社, 1989 年。

敦煌研究院主编：《敦煌石窟全集 5·阿弥陀经画卷》, 香港商务印书馆, 2002 年。

敦煌研究院主编：《敦煌石窟全集 6·弥勒经画卷》, 香港商务印书馆, 2002 年。

敦煌研究院主编：《敦煌石窟全集 7·法华经画卷》, 香港商务印书馆, 1999 年。

敦煌研究院主编：《敦煌石窟全集 20·藏经洞珍品卷》, 香港商务印书馆, 2005 年。

俄罗斯国立艾尔米塔什博物馆、上海古籍出版社编：《俄罗斯国立艾尔米塔什博物馆藏敦煌艺术品》, 上海古籍出版社, 1997 年。

俄罗斯国立艾尔米塔什博物馆、西北民族大学、上海古籍出版社编：《俄藏黑水城艺术品》, 上海古籍出版社, 2009 年。

台湾历史博物馆编译小组编辑：《丝路上消失的王国——西夏黑水城的佛教艺术》, 许洋主译, 台湾历史博物馆, 1996 年。

李福顺编著：《梁楷》, 人民美术出版社, 1986 年。

林树中主编：《海外藏中国历代名画》（1-8 册）, 湖南美术出版社, 1998 年。

林树中主编：《海外遗珍·中国佛教绘画》, 湖南美术出版社, 2001 年。

旅顺博物馆编：《旅顺博物馆》，文物出版社，2014 年。

马炜、蒙中编著：《西域绘画》（1—9 册），重庆出版社，2010 年。

上海博物馆、香港中文大学文物馆：《敦煌吐鲁番文物》，上海博物馆、香港中文大学文物馆，1987 年。

徐邦达：《中国绘画史图录》（上—下册），上海人民美术出版社，1984 年。

中国壁画全集编辑委员会编：《中国美术分类全集·中国新疆壁画全集》（2、4、6 册），新疆美术摄影出版社，辽宁美术出版社，1995 年。

中国历代绘画图谱编辑组：《中国历代绘画图谱·人物鞍马》，上海人民美术出版社，1996 年。

中国古代书画鉴定组编：《中国美术分类全集·中国绘画全集》（1—10 卷），文物出版社，浙江人民美术出版社，1999 年。

中国美术全集编委会编：《中国美术全集·绘画编》（1—5 卷），人民美术出版社，2006 年。

三、研究论文类

艾伯特：《柏孜柯里克的千手观音绢画（摘要）》，《敦煌研究》1988 年第 2 期。

毕丽兰（Russell-Smith, Lilla）、桧山智美（Satomi Hiyama）、卡伦·得雷亚（Caren Dreyer）：《丝路异乡——柏林亚洲艺术博物馆的西域珍宝》，瞿炼译，《华夏地理》2011 年第 11 期。

陈爱峰：《高昌回鹘时期吐鲁番观音图像研究》，武汉大学博士学位论文，2018 年。

卡伦·得雷亚（Caren Dreyer）、托福·尕普史（Toralf Gabsch）：《文物传奇·龟兹瑰宝在德国》，瞿炼译，《华夏地理》2012 年第 11 期。

葛玛丽（Gabain, Annemarie von）：《高昌回鹘王国（公元 850 年—1250 年）》，耿世民译，《新疆大学学报（哲学人文社会科学版）》1980 年第 2 期。

耿世民：《回鹘文〈金光明最胜王经〉第六卷四天王护国品研究》，《中央民族学院学报》，1986 年第 3 期（语言文学增刊）。

古正美：《于阗与敦煌的毗沙门天王信仰》，载敦煌研究院编：《2000 年敦煌学国际学术讨论会文集——纪念敦煌藏经洞发现暨敦煌学百年（历史文化卷·上）》，甘肃民族出版社，2003 年。

古正美：《从天王传统到佛王传统——中国中世佛教治国意识形态研究》，商周出版社，2003 年。

霍巍：《从于阗到益州：唐宋时期毗沙门天王图像的流变》，《中国藏学》2016 年第 1 期。

吉娅科诺娃，H. B.、M. П. 鲁多娃：《科洛特阔夫，H. H. 收集的千手观音像绢画——兼论公元 9~11 世纪吐鲁番高昌回鹘宗教的混杂问题》，张惠明译，《敦煌研究》1994 年第 4 期。

蒋采萍：《中国重彩画的失落与重现》，《艺术研究》2007 年第 3 期。

全惠媛、田婧：《韩国国立中央博物馆收藏的中亚宗教类绘画——收藏背景、研究史和现状》，《敦煌研究》2019 年第 2 期。

李淞：《略论中国早期天王图像及其西方来源——天王图像研究之二》，载郑炳林、花平宁主编：《麦积山石窟艺术文化论文集》，兰州大学出版社，2004 年。

李裕群：《吐鲁番吐峪沟石窟考古新发现——试论五世纪高昌佛教图像》，载石守谦、颜娟英主编：《艺术史中的汉晋与唐宋之变》，石头出版社，2014 年。

龙安那、魏文捷：《从净土图到纸花——敦煌藏经洞出土绘画材料的价值比较》，《敦煌研究》2000 年第 5 期。

罗世平：《青州北齐造像及其样式问题》，《美术研究》2000 年第 3 期。

罗世平：《线描：中国画文脉传承的基石》，《美术研究》2008 年第 2 期。

李翎：《认识夜叉》，《艺术设计研究》2018 年第 2 期。

刘韬：《关于克孜尔石窟壁画"屈铁盘丝"式线条的研究》，载敦煌研究院编：《敦煌壁画艺术继承与创新国际学术研讨会论文集》，上海辞书出版社，2008 年。

刘韬：《关于龟兹石窟"屈铁盘丝"式线条相关问题的探讨》，《新美术》2009 年第 10 期。

刘韬：《从龟兹到高昌——回鹘时期佛教石窟壁画的图像与风格研究》，中国人民大学博士后研究工作报告，2019 年。

吕建福：《西北战事与毗沙门天王的信仰》，载吕建福：《中国密教史》，中国社会科学出版社，1995 年。

马德：《敦煌绢画题记辑录》，《敦煌学辑刊》1996 年第 1 期。

马德：《散藏美国的五件敦煌绢画》，《敦煌研究》1999 年第 2 期。

帕特卡娅-哈斯奈尔，查娅（Bhattacharya-Haesner, Chhaya）：《敦煌佛教艺术的多样性——新德里国立博物馆的中亚收藏品》，杨富学译，《敦煌研究》1995 年第 2 期。

祁志祥：《中国佛教美学的历史巡礼》，《文艺理论研究》2011年第1期。

秋山光和：《吉美美术馆藏敦煌盛唐期绢画佛传图的考察——关于EO1154号残片（摘要）》，《敦煌研究》1988年第2期。

邱高兴：《李通玄佛学思想述评》，中国人民大学博士学位论文，1996年。

荣新江、朱丽双：《图文互证——于阗八大守护神新探》，载樊锦诗、荣新江、林世田主编：《敦煌文献·考古·艺术综合研究——纪念向达先生诞辰110年国际学术研讨会论文集》，中华书局，2011年。

松本文三郎：《兜跋毗沙门天考》，金申译，《敦煌研究》2003年第5期。

孙修身：《中国新样文殊与日本文殊三尊五尊像之比较研究》，《敦煌研究》1996年第1期。

王冀青、莫洛索斯基（Susan Elizabeth Mrozowski）：《美国收藏的敦煌与中亚艺术品》，《敦煌学辑刊》1990年第1期。

王惠民：《日本白鹤美术馆藏两件敦煌绢画》，《敦煌研究》1999年第2期。

王进玉：《国宝寻踪——敦煌藏经洞绢画的流失、收藏与研究》，《文物世界》2000年第5期。

王珍仁、刘广堂：《旅顺博物馆藏唐代绢画》，《美术研究》1998年第4期。

巫鸿：《何为变相？——兼论敦煌艺术与敦煌文学的关系》，载［美］巫鸿著，郑岩、王睿编，郑岩等译：《礼仪中的美术——巫鸿中国古代美术史文编》（下册），生活·读书·新知三联书店出版社，2005年。

西村阳子、富艾莉、北本朝展、张勇：《古代城市遗址高昌的遗构比定——基于地图史料批判的丝绸之路探险队考察报告整合》，刘子凡译，载朱玉麒主编：《西域文史》第九辑，科学出版社，2014年。

西村阳子、富艾莉、北本朝展、张勇：《高昌故城遗址诸遗迹的比定——基于地图史料批判的丝绸之路探险队考察报告整合》，刘子凡译，载［德］阿尔伯特·格伦威德尔著，管平译，新疆文物考古研究所、吐鲁番学研究院编著：《高昌故城及其周边地区的考古工作报告（1902～1903冬季）》附录5，文物出版社，2015年。

夏立栋：《高昌石窟寺分期研究》，中国社会科学院研究生院博士学位论文，2017年。

谢继胜：《榆林窟15窟天王像与吐蕃天王图像演变分析》，《装饰》2008年第6期。

阎文儒：《吐鲁番的高昌故城》，《文物》1962年第7-8期。

杨富学：《柏孜克里克石窟第20窟的誓愿图与榜题》，《新疆艺术》1992年第6期。

杨树云：《从敦煌绢画〈引路菩萨〉看唐代的时世妆》，《敦煌学辑刊》1983年第0期。

袁婷：《敦煌藏经洞出土绘画品研究史》，兰州大学博士学位论文，2012年。

张广达、荣新江：《敦煌"瑞像记"、瑞像图及其反映的于阗》，载张广达、荣新江：《于阗史丛考》，上海书店出版社，1993年。

张惠明：《1896至1915年俄国人在中国丝路探险与中国佛教艺术品的流失——圣彼得堡中国敦煌、新疆、黑城佛教艺术藏品考察综述》，《敦煌研究》1993年第1期。

张惠明：《俄国艾尔米塔什博物馆的吐鲁番收藏品》，载中国敦煌吐鲁番协会、上海师范大学敦煌吐鲁番研究所、香港中华文化促进中心、香港大学饶宗颐学术馆、北京大学东方学研究院合办：《敦煌吐鲁番研究》（第十卷），上海古籍出版社，2007年。

张惠明、鲁多娃、普切林：《艾尔米塔什博物馆所藏俄国吐鲁番考察队收集品简目》，载中国敦煌吐鲁番协会、上海师范大学敦煌吐鲁番研究所、香港中华文化促进中心、香港大学饶宗颐学术馆、北京大学东方学研究院合办：《敦煌吐鲁番研究》（第十卷），上海古籍出版社，2007年。

张惠明：《公元六至八世纪于阗佛教护法神系中的夜叉图像——以达玛沟佛寺遗址画迹为中心的讨论》，载中山大学艺术史研究中心编：《艺术史研究》（第十七辑），中山大学出版社，2015年。

张小刚：《敦煌壁画中的于阗装饰佛瑞像及其相关问题》，《敦煌研究》2009年第2期。

郑弌：《印度佛教美术考察笔记（上篇）——新德里藏斯坦因所掠绢画初步研究》，《美术观察》2018年第5期。

中国社会科学院考古研究所边疆民族考古研究室、吐鲁番学研究院、龟兹研究院：《新疆鄯善县吐峪沟石窟寺遗址》，《考古》2011年第7期。

中国社会科学院考古研究所边疆民族考古研究室、吐鲁番学研究院、龟兹研究院：《新疆鄯善县吐峪沟东区北侧石窟发掘简报》，《考古》2012年第1期。

中国社会科学院考古研究所边疆民族考古研究室、吐鲁番学研究院、龟兹研究院：《新疆鄯善县吐峪沟西区北侧石窟发掘简报》，《考古》2012年第1期。

中国社会科学院考古研究所边疆民族考古研究室、吐鲁番学研究院：《新疆鄯善县吐峪沟西区中部回鹘佛寺发掘简报》，《考古》2019年第4期。

日韩部分（包括日文论著汉译本）

東京国立博物館ほか編：《西域美術展：ドイツ·トゥルファン探検隊》，朝日新聞社，1991年。

関東局編：《旅順博物館圖録》，座右寶刊行會，1943年。

ジャック·ジエス：《西域美術：ギメ美術館ペリオ·コレクション》（1-2巻），講談社，1994-1995年。

韩国国立中央博物馆：《中亚美术》，韩国国立中央博物馆，1986年。

韩国国立中央博物馆：《柏林印度美术馆所藏德国吐鲁番探险队收集品丝绸之路美术》，韩国国立中央博物馆，1991年。

韩国国立中央博物馆：《西域美术》，韩国国立中央博物馆，2002年。

김영민외：《국립중앙박물관소장) 중앙아시아 종교 회화》, 서울 : 국립중앙박물관, 2013 년。(Kim Haewon, *Central Asian Religious Paintings In The National Museum of Korea* 日帝强占期 资料调查报告 7 辑, Seoul: National Museum of Korea, 2013.)

龍谷大学編集：《特別展〈仏教の来た道—シルクロード探検の旅〉》，龍谷大学，2012年。

ロデリック·ウィットフィールド編：《西域美術：大英博物館スタイン·コレクション》（1-3巻），講談社，1982-1984年。

上原芳太郎編：《新西域記》（上-下巻），有光社，1937年。

松本榮一：《燉煌畫の研究》，東方文化學院東京研究所，1937年。（中译本：［日］松本荣一著，林保尧、赵声良、李梅译：《敦煌画研究》，浙江大学出版社，2020年。）

外村太治郎：《天龍山石窟》，金尾文淵堂，1922年。

西域文化研究会編：《西域文化研究·中央アジア仏教美術》（第五巻），法藏館，1962年。

香川黙識編：《西域考古圖譜》（上-下巻），国華社，1915年。（东京：柏林社书店，1972年重印；学苑出版社据日本国华社1915年版影印，1999年）。

田辺勝美、前田耕作編：《世界美術大全集·東洋編第15巻·中央アジア》，小学館，1999年。

西文部分（包括西文论著汉译本）

一、研究论著类

Bhattacharya, Chhaya, *Art of Central Asia, with Special Reference to Wooden Objects from the Northern Silk Route*, Delhi: Agam Prakashan, 1977. (中译本［印］查娅·帕特卡娅著，许建英译：《中亚艺术（附丝路北道木器参考）》，载许建英、何汉民编译：《中亚佛教艺术》，新疆美术摄影出版社，1992年）

Bhattacharya-Haesner, Chhaya, *Central Asian Temple Banners in the Turfan Collection of the Museum für Indische Kunst, Berlin* (*Painted Textiles from the Northern Silk Route*), Berlin: Dietrich Reimer, 2003.

Chandra, Lokesh and Nirmala Sharma: *Buddhist Paintings of Dunhuang in the National Museum, New Delhi*, New Delhi: Niyogi Books, 2012.

Deshpande, Olga P. (ed.) , *The Caves of One Thousand Buddhas-Russian Expeditions on the Silk Route, On the Occation of 190 Years of the Asiatic Museum, Exhibition Catalogue*, St. Petersburg: The State Hermitage Publishers, 2008.

Dreyer, Caren (et al.) , *Musueum für Indische Kunst, Dokumentation der Verluste, Band Ⅲ* , Berlin: Karl Findl & Parthners GmbH &Co KG, 2002.

Dreyer, Caren, *Abenteuer Seidenstrasse. Die Berliner Turfan-Expeditionen 1902-1914*, Leipzig: E.A. Seemann verlag, 2015.（中译本［德］卡恩·德雷尔著《丝路探险——1902—1914 年德国考察队吐鲁番行记》，陈婷婷译，上海古籍出版社，2020 年）

Fong, Wen C. The Metropolitan Museum of Art, New York, *Beyond Representation: Chinese Painting and Calligraphy 8th-14th century*, New Haven and London: Yale University Press, 1992.

Gabsch, Toralf（ed.）, *Auf Griinwedels Spuren: Restaurierung und Forschung an zentralasiatischen Wandmalereien*, Leipzig: Koehler & Amelang, 2012.

Giès, Jacques（ed.）, *Les arts de l'Asie centrale: La collection Paul Pelliot du musée des arts asiatiques-Guimet I-II*, Paris: Réunion des Musées Nationaux, 1995–1996.

Grünwedel, Albert, *Bericht über archäologische Arbeiten in Idikutschari und Umgebung im Winter 1902-1903*, München: Bayerische Akademie der Wissenschaft, 1905.（中译本［德］阿尔伯特·格伦威德尔：《高昌故城及其周边地区的考古工作报告（1902-1903 年冬季）》，管平译，新疆文物考古研究所、吐鲁番学研究院编著，文物出版社，2015 年）

Grünwedel, Albert, *Altbuddhistische Kultstätten in Chinesisch-Turkistan. Bericht über Archäologische Arbeiten von 1906 bis 1907 bei Kuca, Qarashar und in der Oase Turfan*, Berlin: Druk und Verlag von Georg Reimer, 1912.（中译本［德］A. 格伦威德尔：《新疆古佛寺——1905～1907 年考察成果》，赵崇民、巫新华译，中国人民大学出版社，2007 年）

Hambis, Louis, *L'Asie Centrale , histoire et Civilisation*, Paris, 1977.

Härtel, Herbert（et al.）, *Museum für Indische Kunst［Katalog］*, Berlin: Staatliche Museen Preußischer Kulturbesitz, 1971.

Härtel, Herbert and Yaldiz, Marianne, *Along the Ancient Silk Routes: Central Asian Art from the West Berlin State Museums. An exhibition lent by the Museum of Indische Kunst, Staatliche Museen Preussischer Kulturbesitz, Berlin, Federal Republic of Germany, held at The Metropolitan Museum of Art, New York, April 3 - June 20, 1982*, New York: The Metropolitan Museum of Art, 1982.

Härtel, Herbert（et al.）, *Museum für Indische Kunst［Katalog］*, Berlin: Staatliche Museen Preußischer Kulturbesitz, 1986.

Härtel, Herbert und Yaldiz, Marianne, *Die Seidenstrasse: Malereien und Plastiken aus buddhistischen Höhlentempeln*, Berlin: Staatliche Museen Preußischer Kulturbesitz, 1987.

Howard, Angela F. and Giuseppe Vignato, *Archaeological and Visual Sources of Meditation in the Ancient Monasteries of Kuča*, Leiden / Boston: Brill, 2014.（中译本何恩之、［意］魏正中：《龟兹寻幽——考古重建与视觉再现》，王倩译，上海古籍出版社，2017 年）

Le Coq, Albert von, *Chotscho: Facsimile-Wiedergaben der Wichtigeren Funde der Ersten Königlich Preussischen Expedition nach Turfan in Ost-Turkistan*, Berlin: Reimer, 1913.（Reprint. Graz 1979；中译本［德］勒柯克：《高昌——吐鲁番古代艺术珍品》，赵崇民译，新疆人民出版社，1998 年）

Le Coq, Albert von und Ernst Waldschmidt, *Die Buddhistische Spätantike in Mittelasien*, 7 vols., Berlin: Dietrich Reimer（Ernst Vohsen）, 1922-1933.（Reprint Graz 1973–1975；中译本［德］阿尔伯特·冯·勒柯克、恩斯特·瓦尔德施密特：《新疆佛教艺术》，管平、巫新华译，新疆教育出版社，2006 年）

Le Coq, Albert von, *Bilderatlas zur Kunst und Kulturgeschichte Mittel-Asiens*, Berlin: Dietrich Reimer（Ernst Vohsen）, 1925.（Reprint Graz 1977；中译本［德］阿尔伯特·冯·勒克科：《中亚艺术与文化史图鉴》，赵崇民、巫新华译，中国人民大学出版社，2005 年）

Oldenburg, Sergey Fyodorovich, *Russkaja Turkestanskaja Èkspedicija 1909-1910 goda: Kratkij predvaritel'nyj otčet'*, Sanktpetersburg: Imperatorskoj Akadademii nauk, 1914.

Olga P., Deshpande（ed.）, *The Cave of One Thousand Buddhas-Russian Expeditions on the Silk Route, On the Occation of 190 Years of the Asiatic Museum, Exhibition Catalogue*, St. Petersburg. The State Hermitage Publishers, 2008.

Russell-Smith, Lilla and Ines Konczak-Nagel edited, *The Ruins of Kocho: Traces of Wooden Architecture on the Ancient Silk Road*, Berlin: Museum für Asiatische Kunst Staatliche Museen zu Berlin, 2016.（中译本［匈］毕丽兰、［德］孔扎克-纳格主编：《高昌遗珍——古代丝绸之路上的木构建筑寻踪》，刘韬译，上海古籍出版社，2021 年）

Stein, Aurel Marc, *Ancient Khotan: Detailed Report of Archaeological Exploration in Chinese Turkestan carried out and described under the orders of H. M. Indian Government*, 2 Vols., Oxford: The Clarendon Press, 1907.（中译本［英］奥雷尔·斯坦因：《古代和田：中国新疆考古发掘的详细报告》，巫新华等译，山东人民出版社，2009 年）

中国佛教美学典藏 ——— 绢帛佛画

Stein, Marc Aurel, *Ruins of Desert Cathay*. 2 vols. London: Macmillan Press, 1912.

Stein, Aurel Marc, *Serindia: Detailed report of explorations in Central Asia and westernmost China*, 5 Bde., London & Oxford: Clarendon Press, 1921. (repr. Delhi: Motilal Banarsidass 1980；中译本［英］奥雷尔·斯坦因：《西域考古图记》，中国社会科学院考古研究所主持翻译，广西师范大学出版社，1998 年)

Stein, Aurel Marc, *The Thousand Buddhas: Ancient Buddhist Paintings from the Cave Temples of Tun-huang*, London: Bernard Quaritch Press, 1921. (中译本［英］马尔克·奥莱尔·斯坦因著，［英］劳伦斯·宾雍（Laurence Binyon）导论：《千佛：敦煌石窟寺的古代佛教壁画》，郑涛译，浙江人民美术出版社，2019 年)

Stein, Marc Aurel, *Innermost Asia: Detailed report of explorations in Central Asia, Kan-Su, and Eastern Iran*, London & Oxford: Clarendon Press, 1928. (中译本［英］奥雷尔·斯坦因：《亚洲腹地考古图记》，巫新华等译，广西师范大学出版社，2004 年)

Stein, Marc Aurel, *On Ancient Central-Asian Tracks: Brief Narrative of Three Expeditions in Innermost Asia and North-Western China*, London: Macmillan Press, 1933. (中译本［英］奥里尔·斯坦因：《沿着古代中亚的道路：斯坦因哈佛大学讲座》，巫新华译，广西师范大学出版社，2008 年)

The State Hermitage Museum, *Expedition Silk Road: Journey to the West, Treasures from the Hermitage,* Amsterdam: Museumshop Hermitage Amsterdam, 2014.

Waley, Arthur, *A Catalogue of Paintings Recovered from Tun-huang by Sir Aurel Stein*, London, 1931.

Whitfield, Roderick: *The Art of Central Asia: The Stein Collection in the British Museum*, vols. 1–3, Tokyo: Kodansha, 1982–1985.

Whitfield, Susan edited, *The Silk Road: Trade, War and Faith*, London: The British Library, 2004.

Yaldiz, Marianne, *Magische Götterwelten: Werke aus dem Museum für Indische Kunst Berlin*［Katalog］, Berlin: Staatliche Museen zu Berlin-Preußischer Kulturbesitz, Museum für Indische Kunst, 2000.

二、研究论文类

Konczak, Ines, "Praṇidhi-Darstellungen an der Nördlichen Seidenstraße: Das Bildmotiv der Prophezeiung der Buddhaschaft Śākyamunis in den Malereien Xinjiangs", *Inaugural-Dissertation zur Erlangung des Doktorgrades der Philosophie an der Ludwig-Maximilians-Universität München*, 2014.

Moriyasu Takao, "Chronology of West Uighur Buddhism: Re-examination of the Dating of the Wall paintings in Grünwedels Cave No. 8 (New No. 18), Bezeklik", *Aspects of Research into Central Asian Buddhism: In Memoriam Kodi Kudara*, ed. P. Zieme, Turnhout: Brepols, Silk Road Studies 16, 2008, pp. 191–227.

Pelliot, Paul, "Kao-tchang, Qoco, Houo-tcheou et Qarakhodja", *Journal Asiatique*, I. 1912.

Russell-Smith, Lilla, "The formation of Uygur Buddhist Art: Some Remarks on Work in Progress," *Buddhism and Art in Turfan: From the Perspective of Uyghur Buddhism,* eds. Akira Miyaji and Takashi Irisawa (International Symposium: Buddhist Culture along the Silk Road: Gandhara, Kucha, and Turfan, 2012.11.3 –5, Ryukoku University, Proceeding 2. 2012), Kyoto: Research Center for Buddhist Culture in Asia, Ryukoku University, 2013, pp. 92–106.

三、网址类

Digital Silk Road Project (数字丝绸之路项目) = Digital Archive of Cultural Heritage, Digital Silk Road Project, National Institute of Informatics (http://dsr.nii.ac.jp/index.html.en) .

IDP (国际敦煌项目) =The International Dunhuang Project: The Silk Road Online (http://idp.bl.uk/) .

后　记

　　撰写《中国佛教美学典藏·绢帛佛画》的机缘是 2016 年春季我的博士生导师中央美术学院罗世平教授带我首次拜访中国人民大学艺术学院丁方教授时所嘱，至今付梓已历数载。《中国佛教美学典藏》佛教绘画部的总体设计与写作宗旨均由丁方先生所定，并督促指导各卷作者完成。他对丝绸之路广博的文化视野与艺术本体的鲜明见地对我的写作影响尤深。

　　本书写作期间，作者经历了中央美术学院博士毕业、中国人民大学博士后研究工作和首都师范大学美术学院任教三个阶段，其间虽时断时续，但持续关注中国绢帛佛画遗迹从未停滞。在撰写本卷书稿进程中，我同时完成了首部专著《唐与回鹘时期龟兹石窟壁画研究》（文物出版社，2017 年）与译著《高昌遗珍——古代丝绸之路上的木构建筑寻踪》（上海古籍出版社，2021 年）。可以说，两部书稿的写作均为本书的思考与撰写提供了影响与互动。对于德国收藏西域绘画的兴趣，促使我在本书中专设一章选取高昌绢帛佛画残件进行阐释。德国柏林亚洲艺术博物馆中亚部主任毕丽兰（Lilla Russell-Smith）女士与日本京都大学人文科学研究所助理教授桧山智美（Satomi Hiyama）女士在协商本书图版版权过程中提供了诸多帮助，中国国家画院美术研究院研究员张惠明女士对于俄藏敦煌吐鲁番绢画研究提供了诸多启迪，中国大百科全书出版社社科学术分社原社长郭银星女士、社长曾辉先生对本书的出版付出了大量辛勤劳动。

　　中国绢帛佛画流散于世界各地，除流传有序的传世品之外，更多作品为 20 世纪初国外探险队自敦煌、高昌与黑水城遗址发掘所获，百年来已经形成"佛画研究"在世界的局面。今天我们以美学价值讨论古代绢帛佛画精品，是对经典的敬畏与追慕，更是对自身文化发展的鞭策与初心。

刘　韬

2022 年 5 月记于首都师范大学